科技成果的转化与创新型人才培养研究

徐锦娟 ◎著

中国书籍出版社
China Book Press

图书在版编目（CIP）数据

科技成果的转化与创新型人才培养研究 / 徐锦娟著. 北京：中国书籍出版社，2024.8. -- ISBN 978-7-5068-9990-1

Ⅰ. F124.3；C964.2

中国国家版本馆 CIP 数据核字第 2024A863Z6 号

科技成果的转化与创新型人才培养研究

徐锦娟　著

图书策划	邹　浩
责任编辑	李　新
责任印制	孙马飞　马　芝
封面设计	博建时代
出版发行	中国书籍出版社
地　　址	北京市丰台区三路居路 97 号（邮编：100073）
电　　话	（010）52257143（总编室）　　（010）52257140（发行部）
电子邮箱	eo@chinabp.com.cn
经　　销	全国新华书店
印　　厂	晟德(天津)印刷有限公司
开　　本	710毫米×1000毫米　1/16
印　　张	12.5
字　　数	210千字
版　　次	2025 年 1 月第 1 版
印　　次	2025 年 1 月第 1 次印刷
书　　号	ISBN 978-7-5068-9990-1
定　　价	78.00元

版权所有　翻印必究

前　言

在当今全球知识经济快速发展的背景下，科技成果的转化与创新型人才培养已成为推动社会进步和产业升级的关键引擎。随着第四次工业革命的深入，人工智能、量子信息、生物技术等前沿科技的不断突破，如何高效地将这些科技成果转化为实际生产力，促进经济高质量发展，是摆在各国面前的重大课题。与此同时，创新型人才作为这一切变革的核心驱动力，其培养模式和体系亟须革新。教育与产业界应紧密合作，构建以问题为导向、跨学科融合的教学模式，注重培养学生的创新思维、实践能力和企业家精神，为他们提供丰富的科研实践平台和国际交流机会，从而孵化出既懂科技又善创新的复合型人才。这不仅要求我们改革教育体系，强化产学研用协同创新机制，还意味着要营造开放包容的创新生态，激励更多的科技成果走出实验室，走进市场，服务于社会，共同塑造可持续发展的未来。

本书深入剖析了科技成果转化为实际生产力的机制及其对经济社会发展的重要影响。本书从科技成果转化的基本概念出发，系统梳理了转化过程中的关键要素，包括机构、人才和评估机制。进一步探讨了科技金融在促进经济增长和科技创新中的作用，以及资本市场和风险投资在科技成果转化中的推动力。书中还重点论述了创新型人才的创新思维及其培养，分析了创新思维的内涵、特征和培养方法，以及成长环境对创新型人才发展的影响。全书旨在为科技成果转化和创新型人才培养提供理论指导和实践策略，以促进科技创新与经济社会发展的深度融合。

在写作此书的过程中，我们虽然力求全面、深入，但鉴于科技与教育领域的广泛性和快速变化性，书中难免存在局限。我们真诚地欢迎来自各界的批评与建议，视其为促进知识更新与完善的宝贵财富。让我们一起推动科技成果的转化和创新型人才的培养，为建设一个更加繁荣、进步的社会贡献力量。

目 录

第一章 科技成果转化概述 ... 1
第一节 科技成果转化的重要作用及新时代主要特点 ... 1
第二节 科技成果转化相关概念 ... 7
第三节 科技成果转化机构 ... 16
第四节 科技成果转化人才 ... 26

第二章 科技成果转化方式、流程与评估 ... 30
第一节 科技成果评估 ... 30
第二节 科技成果的转化方式 ... 51
第三节 科技成果转化的流程 ... 57
第四节 转化方式和流程需关注的因素 ... 66

第三章 科技金融与经济增长协同创新 ... 72
第一节 科技金融的概念和特点 ... 72
第二节 经济增长与科技创新以及金融的关系 ... 80
第三节 经济结构新视角：工业与金融业分工互动 ... 85
第四节 经济增长新动力：金融创新与科技创新的耦合 ... 91
第五节 资本市场和风险投资行业的创新 ... 98
第六节 科技金融助力科技成果转化 ... 103

第四章 创新型人才的创新思维 ... 111
第一节 创新思维内涵与基本过程 ... 111

  第二节　创新思维的基本特征　118
  第三节　创新主体创新思维的培养　125

第五章　创新型人才的成长环境　134
  第一节　创新型人才成长的环境因素　134
  第二节　创新行为与创新型人才成长环境的功能　145
  第三节　环境对创新型人才成长的影响及其优化　151

第六章　创新型人才培养　162
  第一节　创新思维的发生原理　162
  第二节　创新型人才培养的价值理论　169
  第三节　创新型人才的发展分析　174
  第四节　创新科技人才培养与开发　185

参考文献　192

第一章　科技成果转化概述

第一节　科技成果转化的重要作用及新时代主要特点

一、科技成果转化的重要作用

（一）国家战略的重要支撑

在当今全球竞争日趋激烈的背景下，科技成果转化作为国家战略的重要支撑，其作用日益凸显，成为推动经济社会高质量发展的核心引擎。科技成果转化，简而言之，即是将科研成果从实验室推向市场，转化为实际生产力的过程，它不仅仅是科技创新链条上的关键一环，更是连接知识创新与经济发展的桥梁，对于提升国家竞争力、实现可持续发展目标具有不可估量的价值。

首先，科技成果转化是创新驱动发展战略的实施路径。在全球化和技术革新的浪潮中，各国纷纷将科技创新置于国家发展全局的核心位置，力求通过科技成果转化，加速新技术、新产业、新业态的培育和发展，为经济增长注入源头活水。这一过程不仅能够促进传统产业转型升级，还能孵化出一批高新技术企业，形成新的经济增长点，为国家经济结构优化和产业升级提供强大动力。

其次，科技成果转化是提升国际竞争力的关键举措。在全球科技竞赛中，谁能更快地将科技成果转化为现实生产力，谁就能在国际舞台上占据先机。这要求我们不仅要注重基础科学研究的突破，更要强化应用研究与产业化对接的能力，通过高效的转化机制，缩短从研发到市场的周期，快速响应市场需求，抢占技术制高点，增强国家在全球产业链、价值链中的地位。

再次，科技成果转化是促进社会民生改善的有效途径。许多科技创新成果直接关联着人民生活质量的提升，如医疗卫生、环境保护、智慧城市等领域的新技术应用，不仅能有效解决社会问题，提高公共服务水平，还能带动相关产业的发展，创造更多就业机会，实现经济发展与社会进步的双赢。

最后，科技成果转化对于构建开放合作的创新生态至关重要。在全球化背景下，跨国界、跨领域的协同创新成为常态，通过建立国际合作平台，促进国内外科技成果交流互鉴，可以吸引国际优质资源，加速国内科技成果的国际化进程，同时也能引进国外先进技术，为我所用，共同推动人类社会的科技进步。

科技成果转化作为国家战略的重要支撑，其重要性不言而喻。面对未来，我国需持续优化科技成果转化政策环境，强化产学研用协同创新体系，提升成果转化效率和服务能力，激发全社会创新活力，确保科技成果能够顺畅高效地服务于国家发展大局，为建设创新型国家和世界科技强国奠定坚实基础。

（二）推动经济高质量发展的强大引擎

科技成果转化，作为连接科学探索与经济活动的桥梁，正日益成为推动经济高质量发展的强大引擎。在这个全球科技创新与产业变革交织的时代，科技成果的有效转化不仅能够加速产业升级转型，催生新兴业态，更在重塑全球经济版图中发挥着不可替代的作用。从理论到实践，从实验室到市场，每一步转化都蕴含着巨大的经济潜能和社会价值，其重要性体现在以下几个核心维度：

首先，科技成果转化是提升国家竞争力的关键。在全球化竞争的舞台上，一个国家的创新能力直接关系到其国际地位与未来发展空间。通过将科研成果快速转化为实际生产力，不仅能够巩固现有产业优势，更能抢占未来产业制高点，推动从"制造大国"向"智造强国"转变。诸如新能源、人工智能、生物技术等前沿领域的突破性成果转化，正成为国家间角力的新焦点，为经济持续增长提供不竭动力。

其次，科技成果转化是优化经济结构的催化剂。传统产业升级与新兴产业培育，都需要科技成果转化的强力驱动。它能够促进产业链上下游的紧密衔接，提升整体产业链的附加值，推动经济从依赖资源消耗向依靠科技进步转变。例如，通过将高效节能技术应用于传统制造业，既提高了生产效率，又减少了环境污染，实现了经济效益与环境效益的双赢。

再次，科技成果转化是激发市场活力的新源泉。随着技术进步，新产品、新服务不断涌现，满足了消费者多样化、个性化的需求，同时也创造了新的市场需求。风险投资、创业孵化平台等机制的完善，为科技成果的市场化提供了肥沃土壤，激发了大众创业、万众创新的热情，为经济增长增添了新的活力点。科技成果转化的过程，实质上是知识资本与金融资本深度融合的过程，有效促进了资本市场的健康发展。科技成果转化是解决社会重大问题的有效途径。面对全球气候变化、资源短缺、公共卫生等挑战，科技成果转化提供了科学解决方案，推动了绿色低碳技术、健康医疗技术等的广泛应用，为构建可持续发展社会奠定了坚实基础。例如，通过转化环境治理技术，可以有效修复退化土壤，改善生态环境；在医疗健康领域，将生物技术和信息技术融合，能够实现疾病的早诊早治，提升公众健康水平。

最后，科技成果转化是促进区域经济协调发展的助推器。通过构建产学研用紧密结合的创新体系，科技成果在不同区域的落地转化，有助于缩小地区发展差异，形成特色鲜明的区域经济格局。地方政府与高校、科研机构的合作，不仅加速了地方特色产业的转型升级，还吸引了高端人才和创新资源的集聚，为区域经济的高质量发展提供了智力支持和项目支撑。

科技成果转化作为经济高质量发展的强大引擎，其作用贯穿于提升国家竞争力、优化经济结构、激发市场活力、解决社会问题及促进区域协调发展等多个方面，是推动社会全面进步的重要力量。面对未来，应进一步完善科技成果转化的政策体系，强化创新链与产业链的深度融合，优化创新生态，确保科技成果能够顺畅地转化为现实生产力，为经济社会发展注入持久动力。

（三）供给侧结构性改革的重要抓手

科技成果转化，作为供给侧结构性改革的重要抓手，正深刻影响着经济结构的优化升级与新动能的培育。在当前全球经济转型升级的关键时期，有效促进科技成果向现实生产力的转化，不仅是提高全要素生产率、破解发展瓶颈的关键路径，也是推动经济高质量发展的核心策略之一。这一过程，通过精准对接市场需求，优化供给结构，激活潜在增长动力，展现了其在供给侧结构性改革中的独特价值与深远意义。

首先，科技成果转化是激发产业升级的催化剂。在传统产业领域，将先进的科技成果融入生产流程，能够显著提升产品质量、降低生产成本、增强环境友好性，从而实现产业基础能力和产业链现代化水平的双重提升。比如，智能制造技术的广泛应用，通过智能化生产线改造，极大提高了生产效率和定制化服务能力，为传统产业插上了数字化、网络化、智能化的翅膀，推动了由"中国制造"向"中国智造"的华丽转身。

其次，科技成果转化是培育新兴产业的摇篮。在生命科学、新材料、新能源、信息技术等前沿领域，科技成果的商业化应用往往孕育出全新的产业形态，为经济增长开辟了新赛道。比如，基因编辑技术、纳米材料、清洁能源技术等的突破性进展，不仅催生了生物制药、先进制造、绿色能源等新兴产业集群，还带动了上下游产业链的协同发展，为经济持续增长提供了新的动力源泉。

再次，科技成果转化是优化资源配置的桥梁。通过市场机制引导科技成果向高效领域流动，有助于解决资源错配问题，提高资源配置效率。这不仅体现在直接的资金、人力等资源向高技术产业集中，还体现在科技成果本身作为一种稀缺资源，其有效转化能够促进知识、技术的扩散与共享，带动全社会创新能力的提升。在这一过程中，科技成果转化平台、孵化器、风险投资等中介服务机构的建设，对于促进信息对称、加速成果转化起到了至关重要的作用。

科技成果转化是促进绿色发展的重要途径。在应对气候变化、环境污染等全球性挑战中，科技成果转化扮演着不可替代的角色。清洁能源技术、污染治理技术、循环经济模式的推广与应用，为实现经济社会发展与环境保护的双赢提供了技术支撑。通过技术创新降低能耗、减少排放，科技成果的转化正引领着一场绿色革命，推动经济向低碳、环保、可持续的方向转型。

最后，科技成果转化是提升国家竞争力的战略支点。在全球化竞争格局中，一个国家的科技成果转化能力直接关联到其在全球价值链中的位置。通过强化原始创新、集成创新和引进消化吸收再创新，加速科技成果的产业化、国际化，不仅可以增强本国企业在国际市场的竞争力，还能为构建开放型经济新体制、参与全球经济治理提供有力支撑。

科技成果转化作为供给侧结构性改革的重要抓手，通过优化供给结构、培育新增长点、提升资源配置效率、促进绿色发展和增强国家竞争力等多重机制，为经济高质量发展开辟了广阔空间。未来，持续深化科技体制改革，完善成果转化机制，加强创新链与产业链的深度融合，将是释放科技潜力、推动经济持续健康发展的关键所在。

(四)加快实现高水平科技自立自强的必然选择

科技创新成为国际战略博弈的主要战场,围绕科技制高点的竞争空前激烈。我们必须保持强烈的忧患意识,做好充分的思想准备和工作准备。空前激烈的国际科技竞赛背后,是科学技术从来没有像今天这样深刻影响着国家前途命运。实践反复告诉我们,关键核心技术是要不来、买不来、讨不来的,没有科技自立自强,在国际竞争中"腰杆子就不硬",就会被锁定在创新链和产业链低端。科技创新对我国来说,不仅关乎发展,更关乎生存。只有把我国的科技创新建立在自立自强的坚实基础上,形成应对风险挑战的抗压能力、对冲能力和反制能力,才能有效维护国家安全和战略利益。科技成果转化是科技创新的目的和落脚点,能转化应用的创新才是有意义、有价值的创新。只有按照"四个面向"战略方向,围绕国家重大战略需求,瞄准经济建设和事关国家安全的重大工程科技问题,紧贴新时代社会民生现实需求和军民融合需求,加快自主创新科技成果转化应用,在前瞻性、战略性领域打好主动仗,才能以"鼎新"带动"革故",以增量带动存量,促进我国产业迈向全球价值链中高端,为经济社会发展和国家安全保障提供更多高质量的科技供给和强有力的科技支撑。加快建设科技强国,实现科技自立自强,努力掌握国际科技竞争主动权和主导权,以科技创新的主动赢得国家发展的主动,以科技强国建设有力支撑社会主义现代化国家建设。

(五)形成科技创新文化氛围的有力手段

科技成果转化是一项复杂的系统工作,涉及多种不同主体的行为,因此,着力形成高效、顺畅的科技成果转化生态体系的过程,有利于促进创新链、政策链、资金链、产业链、人才链的深度融合,有利于供需双方的有效对接,有利于促使高等院校与科研院所的科研人员站在产业化、商用化的高度来审视与设定自己的技术路线,并推出有助于解决企业实际问题特别是重大瓶颈问题的应用技术,有利于企业形成显著的科技引爆效应,让企业逐渐成为科技成果转化和科技创新的主体,有利于形成以增加知识价值为导向的社会意识形态,有利于形成全民参与的科技创新良好氛围。

二、新时代科技成果转化新趋势和新特点

当前，科技对经济社会各领域的渗透性、扩散性越来越强，重大颠覆性技术创新不断涌现，引发新产业、新业态快速崛起。随着以信息和互联网技术为主的新技术体系与各行各业的深度融合，科技成果的转化与应用也呈现出新趋势和新特点。

（一）成果转化速度加快，转化周期缩短

从基础研究、应用研究、技术开发到产业化，各个环节产生的成果都可能实现转化，有些领域在实验室里即可诞生产品，科技成果转化日益向前端延伸。

（二）成果转化主体和方式更趋多样化

企业成为技术创新和科技成果转化的主体，高校、科研院所作为成果源头提供者的角色更加明确，随着"双创"发展，分散化、微型化的创新创业成为科技成果转化的新渠道。

科技型创业、产学研合作、技术创新联盟成为新的成果转化渠道，线上线下相结合的"互联网+技术转移"呈现良好发展势头。新科技革命和产业变革的孕育发展，为科技成果转化开辟了新的途径，提供了新的空间，科技创新供给的来源更加丰富，成果应用更加便捷。科技创新对经济结构调整和产业转型升级的带动作用更加直接，为推进供给侧结构性改革提供了更有效的支撑手段。

（三）成果转化需要要素市场化配置更加完善

技术、人才、资本、数据等作为科技成果转化重要的创新要素和生产要素正在加快融合发展，技术要素对人才、资本和数据要素的牵引及配置作用不断增强，人才和资本要素在促进科技成果转化和技术创新价值发现方面的作用越来越凸显，数据要素是一系列科技成果后续研发以及实践应用的养料和根基，急需打通技术、人才、资金、数据等要素间的双向流动通道，形成要素价格市场决定、流动自主有序、配置高效公平的健全要素市场体系，为有效促进科技创新和完成科学技术在国民经济中的植入提供强劲支撑。

（四）成果转化体系优化更趋迫切

改革开放以来，我国科技成果持续产出，技术市场有序发展，技术交易日趋活跃，成果转化体系逐渐形成，但也面临技术转移链条不畅、人才队伍不强、体制机制不健全、成果转化体系不够完善等问题，迫切需要加强系统设计，进一步加快优化形成符合科技创新规律、技术转移规律和产业发展规律的国家技术转移体系，全面提升科技供给与转移扩散能力，推动科技成果加快转化为经济社会发展的现实动力。

第二节　科技成果转化相关概念

一、科技成果定义

（一）科技成果

科技成果是科技成果转化的对象，通过对其定义的分析可以明确转化对象的边界，对在转化过程中进行清晰的思考和沟通具有基础性意义。"实用价值"，是从科技成果的一般属性来说的，能够实现转化的科技成果一般具有实用价值的特征，这是市场评价科技成果能否转化的一般标准。科技成果一般包含基础理论类和应用类科技成果。但是在科技成果转化实操中会发现，基础理论类科技成果距离最终服务于人类生产非常远，转化周期很长，而应用类科技成果则距离服务于人类生产近一些，转化周期相对短一些，转化风险相对小很多。因此，本书所说的科技成果指应用类科技成果，不包括基础类和软科学类科技成果。

在科技成果转化实践工作中，大多数情况涉及职务科技成果，因此，有必要介绍其概念。职务科技成果是指执行研究开发机构、高等院校和企业等单位的工作任务，或者主要是利用上述单位的物质技术条件所完成的科技成果。《中华人民共和国促进科技成果转化法释义》指出，这一规定，可以从两方面来理解。一是它是执行研究开发机构、高等院校和企业等单位工作任务所完成的科技成果，即这种科技成果是单位工作的直接结果。如本单位的科研人员、技术人员或其他工作人员等的工作职责就是按照本单位布置安排的工作任务进行研究开发，在工作中产生的科技成果应当属于职务科技成果。二是主要利用单位的物质技术条件所完成的科技成果，即这种科技成果虽然不属于单位工作范畴，不是工作任务，是科研人员、技术人员或其他工作人员自己进行的科研开发活动，但是这些活动主要是利用本单位的物质技术条件所进行的，如利用本单位的实验室、试验器材、机器设备、材料等条件完成了科研研发活动，这样的科技成果也属于职务科技成果，因为没有这些物质技术条件，个人是不可能进行这样的研发活动的，也不可能完成该科技成果。实践中对这种情况应注意根据不同情况有所区别，有的科学研究虽然利用了一些本单位的物质技术条件，如偶尔借用了单位的实验室、使用了单位的仪器设备等，但主要是依靠科技人员自身创造的物质技术条件进行的，其产生的科技成果就不应属于职务科技成果。因此，法律在条文表述上强调"主要利用"，是为了避免实践中随意扩大职务科技成果的解释范围，不能把只要用了单位的实验室、器材、设备等情况，都一律作为职务科技成果对待，造成不尊重科学技术人员创造性劳动、不利于鼓励发明创造的局面。

上述两种情况下形成的职务科技成果，其知识产权的权利人，都属于该单位。在职务科技成果的转化过程中，单位有权行使《中华人民共和国促进科技成果转化法》规定的权利并承担相应的义务。

（二）知识产权

知识产权目前尚未形成官方的定义，大多采用列举的方式进行定义，本指南采用《中华人民共和国民法典》规定的知识产权定义，即：知识产权是权利人依法就下列客体享有的专有的权利，包括：①作品；②发明、实用新型、外观设计；③商标；④地理标志；⑤商业秘密；⑥集成电路布图设计；⑦植物新品种；⑧法律规定的其他客体。

（三）科技成果和知识产权概念辨析

由定义可知，知识产权是科技成果权利人所获得的一种权利，与科技成果关系密切，但并非科技成果本身。本指南所指科技成果既包括取得知识产权保护的科技成果（如发明专利权、计算机软件著作权、集成电路布图设计、植物新品种权等），也包括未取得知识产权保护的科技成果（如公有技术等）。而知识产权既包括科技成果相关的知识产权，也包括作品、地理标志等非科技成果相关的知识产权。获得知识产权保护的科技成果可以获得法律保护，科技成果所有者在一定时间内享有独占实施权，依法阻止他人实施，也可以许可、转让他人实施，获得经济利益。因此保护好科技成果相关知识产权，有利于为科技成果转化提供制度保障，有利于提升科研人员进行科技创新的积极性，有利于提升科技成果水平，有利于科技成果的后续开发与实施，有利于合理配置科技创新资源，有利于加快科技进步与经济发展的步伐。

二、科技成果转化

《中华人民共和国促进科技成果转化法释义》指出，科技成果转化是一个复杂的活动过程，所谓后续试验是相对于前期试验而言的，在科技成果的研发活动中也会有试验，科技成果形成后，为了能生产出新产品或形成可推广的新技术，还需要进一步的后续试验。开发、应用是对该科技成果进行进一步的技术加工和完善，使其最终能够形成一项较稳定的技术、工艺或产品，在实际中使用。推广是为了使该技术成果能够在生产领域普遍使用，产生效益。科技成果的转化活动是个复杂的过程，不同的科技成果会有很大不同，法律规定只能反映几个主要的环节。转化的最终目的是形成新技术、新工艺、新材料、新材料、新产品，发展新产业，也就是说，要形成现实的生产力，该科技成果才有实际意义。

（一）技术转移

"技术转移（Technology Transfer）"一词是个外来词汇。我国改革开放后，技术转移的概念开始传入我国并在理论上逐渐被深入研究。"技术转移"一词在我国政策层面上的应用是从技术转移的机构认定开始的。21世纪初，我国发布了国家标准《技术转移服务规范》，明确规定了技术转移的定义，即"技术转移是指制造某种产品、应用某种工艺或提供某种服务的系统知识，通过各种途径从技术供给方向技术需求方转移的过程"。

并标明技术转移的内容包括科学知识、技术成果、科技信息和科技能力等。本书所指技术转移定义与上述国家标准中规定的技术转移定义保持一致。

（二）科技成果转化与技术转移概念辨析

从定义的字面意思来看，科技成果转化与技术转移存在一定的差异，但是从实践过程中主体活动的阶段性及实施方式来看，不同创新主体的实践活动难以完全区分开，二者存在着交叉性或相容性，通常难以区分，因此实践中科技成果转化和技术转移会被"杂交混合"使用。本书认为二者的基本内涵是一致的，只是表达习惯不同，科技成果转化是我国科技工作的专有名词，国际上比较普遍采用技术转移的说法。本书根据不同语境、不同活动内容使用不同术语。

（三）四种类型技术合同及其与科技成果转化的关系

21世纪初，科技部印发的《技术合同认定登记管理办法》规定，经科技管理部门认定登记的技术合同包括四种类型，即技术转让合同、技术开发合同、技术咨询合同、技术服务合同，简称"四技合同"。其中技术转让合同包括技术转让、实施许可、技术作价投资三种主要转化方式所签订的合同。2020年颁布的《中华人民共和国民法典》规定技术合同包括五种类型，即技术开发合同、技术转让合同、技术许可合同、技术咨询合同和技术服务合同。

三、科技成果转化生态体系概况

科技成果转化是一个复杂、长期且动态的系统工程，涉及政府、企业、高校院所、中介服务机构、金融机构等各类主体，各主体彼此相互制约、相互影响，形成密切难分的互动协同关系。其内涵可以利用生态学视角，借鉴创新生态系统理论的特征，构建多主体协同，多要素联动，业务架构为支撑的科技成果转化生态系统：不同主体本身具备或者具备形成不同要素的功能，形成非对称性共性关系。不同要素通过在业务架构的不同环节中影响生态主体的社会互动，进而影响转化效果，转化效果又会反馈性地、潜移默化地影响生态要素的发展。在上述交互影响过程中，生态主体自身、生态主体之间的关系，以及生态环境都会发生持续演进。科技成果转化工作应当从全局和系统的高度，统筹协调各类参与主体的成果转化相关活动，切实发挥不同主体的倍增效果。

（一）主体业态

科技成果转化的主体类型可依据供给侧、需求侧、公共服务侧和市场服务侧等方面进行划分。

1. 供给侧

科技成果供给方是科技成果的生产者或者供给者，一般指经长期研究而产生发明或技术秘密等科技成果的高校、科研院所，有时也包括企业或个人。

作为科技成果主要的供给方，高校、科研院所等科研单位顺理成章地成为科技成果转化供给侧主体，其通过采取转让、许可或者作价投资等方式，向企业或者其他组织等需求方转移转化科技成果。其中，由国家设立的高校、科研院所在对其持有的科技成果进行转化的过程中，可以自主决定转让、许可或者作价投资，同时《促进科技成果转化法》规定了，其应当通过协议定价、在技术交易市场挂牌交易、拍卖等方式确定价格；在不变更职务科技成果权属的前提下，完成人和参加人可以根据与本单位的协议进行该项科技成果的转化，并享有协议规定的权益。

2. 需求侧

科技成果需求方是指科技成果的接受方或需求者，一般是指企业为了开发产品或提高生产率而购买（或入股）的科技成果。因此，科技成果转化需求侧主体主要是企业，其在科技成果转化和推广过程中发挥着重要的创新主体作用，在研究开发方向选择、项目实施和成果应用中逐步发挥主导作用。为采用新技术、新工艺、新材料和生产新产品，企业可以自行发布信息或者委托技术交易中介机构征集其单位所需的科技成果，或者征寻科技成果的合作者，也可以独立或者与境内外企业、事业单位或者其他合作者实施科技成果转化、承担政府组织实施的科技研究开发和科技成果转化项目，还可以与高校、科研院所等事业单位相结合，联合实施科技成果转化。

我国已进入高质量发展阶段，各级政府落实新发展理念，构建新发展格局均急需科技赋能，逐渐成为科技成果的需求方，以科技计划、招商引资等方式，发布需求信息或征集所需科技成果，在推动经济发展质量变革、效率变革、动力变革，推动经济形态、经济结构、经济体系优化升级，打好关键核心技术攻坚战，构建共性基础技术供给体系，推动国家治理能力和治理体系现代化等方面提供有力的科技支撑。

3. 公共服务侧

公共服务侧的主体是各级人民政府，为科技成果转化活动营造良好的政策生态体系，并提供各类公共服务。政府建立、完善科技报告制度和科技成果信息系统，向社会公布科技项目实施情况以及科技成果和相关知识产权信息，提供科技成果信息查询、筛选等公益服务，弥补信息不对称和市场失灵。可通过政府采购、研究开发资助、发布产业技术指导目录、示范推广等方式对科技成果转化活动予以支持；还可组织实施重点科技成果转化项目，采用公开招标的方式，引导高校、科研院所参与实施转化。

4. 市场服务侧

市场服务侧主体主要包括各类技术市场及平台、科技中介服务机构、科技成果转化服务机构以及科技金融机构等，连接供给和需求，为成果转化及技术交易提供交易场所、信息平台，以及信息检索、加工与分析、技术评估、经纪、投融资等服务，助推成果产出后续试验、开发、应用、推广直至形成新技术、新工艺、新材料、新产品，培育和发展新产业。供给侧主体可在本单位设立负责科技成果转化工作的专门机构，也可对外委托市场化的服务机构开展技术转移工作。

（二）要素类型

1. 政策环境

科技成果转化既需要遵守国家法律、法规和规范，又要得到国家政策的扶持和推动。国务院和地方各级人民政府应当加强科技、财政、投资、税收、人才、产业、金融、政府采购、军民融合等政策协同，不断完善科技成果转化法律法规与政策体系，为科技成果转化营造良好的政策环境，通过强化对法律法规与政策措施的有效落实，提倡和鼓励采用先进技术、工艺和装备，不断改进、限制使用或者淘汰落后技术、工艺和装备。地方政府应结合本地实际，制定落实有利于促进科技成果转化的相应措施，充分发挥好法规的规范作用和政策的促进作用。同时，针对向境外的组织、个人转让或者许可其实施科技成果的跨境技术转移活动，国家制定了相应的法律、行政法规，有关单位或个人，应当遵守相关法律、行政法规及相关规定。

2. 机构平台

科技成果转化机构与平台是在科技成果转化过程中承载科技成果管理、发布、信息对接、交易、后续经营和支持等功能的重要载体，其功能健全及专业化程度和运营管理能力代表了科技成果转化服务体系的发展水平。

建设公共研究开发平台，可为科技成果转化提供技术集成、共性技术研究开发、中间试验和工业性试验、科技成果系统化和工程化开发、技术推广与示范等服务；发展科技企业孵化器、大学科技园等科技企业孵化机构，为初创期科技型中小企业提供孵化场地、创业辅导、研究开发与管理咨询等服务；企业可与高校、科研院所等科研单位及其他组织采取联合建立研究开发平台、技术转移机构或者技术创新联盟等产学研合作方式，共同开展研究开发、成果应用与推广、标准研究与制定等活动。

3. 人才要素

科技成果转化人才团队是推进实现科技成果转化服务体系的关键支撑点。科技成果转化专业人才的培育发展需要广泛的知识积累和丰富的实践经验相结合。当前我国高水平技术转移人才严重不足，难以满足科技社会发展需要，因此，将技术转移专业引入学历教育，开展高水平技术转移相关学历教育具有重要的实践意义。

高校、科研院所等科研单位可与企业及其他组织开展科技人员交流，根据专业特点、行业领域技术发展需要，聘请企业及其他组织的科技人员兼职从事教学和科研工作，支持本单位的科技人员到企业及其他组织从事科技成果转化活动。企业还可与研究开发机构、高等院校、职业院校及培训机构联合建立学生实习实践培训基地和研究生科研实践工作机构，共同培养专业技术人才和高技能人才。

4. 资金+资本

合理安排财政资金投入，引导社会资金投入，推动科技成果转化资金投入的多元化。科技成果转化财政经费，主要用于科技成果转化的引导资金、贷款贴息、补助资金和风险投资以及其他促进科技成果转化的资金用途。实行税收优惠，为科技成果转化活动"减负"，鼓励各类市场化金融机构采取措施，加大对科技成果转化的金融支持。

5. 数据要素

当前，以5G网络、人工智能、大数据、区块链等为代表的新一代信息技术快速发展，数字经济高速增长，为技术要素交易机制创新提供了保障条件。利用人工智能、大数据、区块链等技术工具对技术成果进行更加精准的量化评价和预测分析，为科技成果评估定价提供有力支撑。5G通信网络设施的普及应用将为建立现代技术交易市场创造基础条件，可实时处理海量科技成果的供需对接信息，通过实时竞价、撮合交易等方式促进科技成果转化供需双方达成一致。加快培育数据要素市场，促进技术要素与数据要素深度融合，充分发挥数据要素对技术要素市场效率的倍增作用，有效提升科技成果转化效率。

（三）业务架构

1. 服务体系

科技成果转化服务体系是实现科技成果转化逾越"鸿沟"的关键工具，具体包括后续研发、成果评估评价、项目管理、技术交易、技术咨询、科技投资、企业孵化、经纪代理、法律金融等多方面的服务。其中，科技成果评估评价是科技成果转化过程中的关键环节，其在科技成果产出、管理、转移转化或推广应用等过程中对成果开展的各类评估活动，在促进成果转化各方对科技成果的准确识别及交易价值的科学判断方面具有非常重要的意义。

2. 知识产权及法律服务

知识产权是使科技成果向现实生产力转化的桥梁和纽带，科学的知识产权布局、合理的知识产权保护和高效的知识产权运营，有利于促进高水平、大规模的科技成果转化。供给侧应加强知识产权管理，并将科技成果转化和知识产权创造、运用作为立项和验收的重要内容和依据。科技成果转化过程中各类主体、各项活动均应依照法律法规规定和合同约定，享有权益，承担风险；特别是跨境科技成果转移转化合作和国际技术转移多种路径对知识产权及法律服务的需求更加迫切。

3. 科技金融

在科技创新体系中，科技金融对于激活创新要素、加速研发和应用进度、分担创新风险、优化创新资源配置、放大创新效益，起着关键的支撑、激励和杠杆作用。银行业金融机构在组织形式、管理机制、金融产品和服务等方面进行创新，开展股权质押贷款等贷款业务。创新保险品种，为科技成果转化提供保险、担保服务；完善多层次资本市场，支持企业通过股权交易、依法发行股票和债券等直接融资方式为科技成果转化项目进行融资。创业投资机构加大投资科技成果转化项目力度；设立支持科技成果转化的基金或者风险基金，用于支持高投入、高风险、高产出的科技成果的转化，加速重大科技成果的产业化。

4. 考核评价体系和收益分配机制

促进科技成果转化需要建立一套规范、科学、合理、有效的收益分配机制，充分调动科研、转化、管理等不同岗位人才在开展科研和转化工作中的创造性、积极性和主动性。收益分配的前提是权益归属的明确，职务科技成果转化后，由科技成果完成单位对完成、转化该项科技成果做出重要贡献的人员给予奖励和报酬。国家设立的研究开发机构、高等院校应当建立符合科技成果转化工作特点的职称评定、岗位管理和考核评价制度，完善收入分配激励约束机制，将科技成果转化情况作为对相关单位及人员评价、科研资金支持的重要内容和依据之一，并对科技成果转化绩效突出的相关单位及人员加大科研资金支持。

5. 标准工具

科技成果转化行业的健康发展离不开标准工具的制定和运用。通过制定、调整、更新以国家标准《技术转移服务规范》为代表的一系列科技成果转化相关标准，对行业全流程内容进行标准化的规范，引导和促进科技成果转化，推动行业健康良性发展。科技成果转化相关标准较为关注科技成果评估，涵盖经济价值评估、标准化评价等多个方面，科技成果评估领域制定有中国科技评估与成果管理研究会团体标准《科技成果评估规范》等一系列标准。对加速器、孵化器、中介服务机构等各类机构平台制定有认定标准，以规范建设实施路径。考核激励相关从业人员方面，有关单位可按照市场化模式建立薪酬标准和绩效考核标准。人才培养方面，制定有国家技术转移专业人员能力等级培训标准等。

第三节　科技成果转化机构

一、科技成果转化机构基础知识

（一）科技成果转化机构概述

科技成果转化机构（包括机构与平台）在科技成果转化过程中提供科技成果管理、发布、信息对接、交易、后续经营和支持等服务，是科技成果转化服务体系中的关键核心所在，其功能健全和专业化程度代表了科技成果转化服务体系的发展水平。以下所述科技成果转化机构包含了科技成果转化全链条中提供服务所涉及的各类机构和平台。

科技成果转化是持续性过程不同类型科技成果转化机构在科技成果转化不同阶段为各类创新主体提供相应的支撑服务。例如，科技成果中试、熟化机构及近年来出现的新型研发机构等载体则重点提供原始科技成果的催化熟化和产品化等服务。在技术交易和转移过程中，技术转移机构通常整合了技术、法务、商务等中介机构的职能，尤其是高校、科研院所建立的技术转移机构是科技成果转移转化的主要服务机构。技术交易市场是技术成果信息对接和交易的主要平台依托，在交易过程中各类中介机构为技术交易提供服务。在成果应用方面，孵化器、加速器、众创空间、大学科技园等载体推动实现科技成果由商品化到产业化的最终进程。

（二）科技成果转化机构的分类和功能定位

1. 按照设立主体划分

科技成果转化机构包括了科技成果转化全链条涉及的各类平台和载体，按照设立主体不同划分，主要包括依托政府设立的机构，依托高校、科研院所设立的机构，依托企业设立的机构，依托社会组织设立的机构等。

（1）依托政府设立的科技成果转化机构

在形式上多为事业单位性质，另有少数企业单位性质的机构。事业单位性质机构在服务功能、内容上多为政府职能的延伸，包括促进技术推广、技术交流的承办合作、投融资和招投标的管理及政府项目的申报评估等职能，较为典型的机构是地方科技管理部门下属的生产力促进中心。企业性质的科技成果转化机构相对于事业单位性质的机构，承担更加市场化的科技成果转化工作。

（2）依托高校、科研院所设立的科技成果转化机构

依靠高校或科研院所的人才优势和科研力量为客户提供专业的研发、咨询、培训等服务，其组织形式可以是由高校或科研院所设立的内设机构，如美国斯坦福大学的技术转移办公室。也可以是高校或科研院所控股、事业化管理的企业法人。

（3）依托企业设立的科技成果转化机构

通常具有两种不同性质：一种是具有国有背景的科技型企业内设的技术开发和转移部门，主要负责获取外部技术、向企业外部输出不适宜由企业转化的技术成果，例如中材集团研究开发中心等。另一种则是民营性质机构，主要业务包括科技成果早期鉴定、培育、评价，科技成果价值增值、对接，以及科技成果交易、转化等。

（4）依托社会组织设立的科技成果转化机构

依托社会组织设立的科技成果转化机构主要指社会团体及其他社会力量或公民个人利用非国有资产设立的科技成果转化机构，也包括一些民办非企业机构。该类机构具有非营利性、社会性等特征，主要经营方式以线上交易为主，线下网络支撑，经费来源于政府财政拨款等方式。在功能上具有科技成果双向挖掘和对接功能，为供需双方提供转化对接服务。

2. 按业务类别划分

科技成果转化机构按照业务类别划分主要包括技术交易服务机构、技术经纪服务机构、技术集成服务机构、创新创业服务机构等。

（1）技术交易服务机构

技术交易服务机构主要为技术供需双方提供一个交易平台，如技术成果交易会、博览会、技术难题招标等，同时提供一些咨询服务，包括技术交易市场、技

术产权交易所、承担技术展示交易会的服务机构等。

（2）技术经纪服务机构

技术经纪服务机构主要为企业技术难题的解决、技术引进等提供技术咨询、技术培训、成果交易等技术服务，寻找技术成果拥有机构，同时把研究机构的技术成果推介给企业，这些机构也提供必要的政策咨询、管理咨询、融资等深层次服务，主要包括生产力促进中心、行业协会等。

（3）技术集成服务机构

充分利用自身技术再开发能力和经济基础，购买具有一定产业化前景的初试或中试阶段技术成果，或引进实验室以及主要技术和研发团队，进行技术二次开发或集成，形成中试熟化阶段或产业化阶段成果，然后自行投资生产、合作或转移，实现产业化，其中较为典型的机构为近年来出现体制机制较为灵活的新型研发机构。

（4）创新创业服务机构

主要服务对象是初创型科技企业，为企业提供培育服务以及发展所需法律、投融资等中介服务，筛选合适的孵化项目，为尚未成型的创新型企业提供场地以及公共设施，协助培训和管理人才队伍等，部分机构还提供公共平台服务。代表性机构为孵化器、众创空间、产业科技园和加速器等。

除上述分类标准外，科技成果转化机构还包括综合性技术转移服务机构，即涵盖多种技术转移业务服务功能的技术转移服务机构。同时还包括部分科技中介服务机构，如知识产权服务机构、科技咨询评估机构、科技情报机构等，这些机构在科技成果转化过程中也分别发挥着重要的作用。科技成果转化是市场化行为，应遵守市场化发展的内在规律。科技成果转化机构在市场化、专业化发展的前提下，分别着眼于各环节的服务重点，形成不同类型的工作体制机制。

二、技术转移机构

技术转移机构是指为实现和加速某种产品、应用某种工艺或提供某种服务的系统知识，通过各种途径，在从技术供给方向技术需求方转移的过程中提供各类服务的机构，包括技术经纪、技术集成与经营和技术投融资服务机构等，但单纯提供信息、法律、咨询、金融等服务的除外。

技术转移机构有多种不同分类方式，技术转移机构可以分为高校、科研院所设立的技术转移机构和社会化技术转移机构两种主要类型。

三、技术交易市场

（一）技术交易市场的定义和分类

技术市场是我国社会主义商品市场的重要组成部分，技术市场的基本任务是促进技术商品流通，推动技术成果的推广和应用。技术市场是重要的生产要素市场，是我国现代市场体系和国家创新体系的重要组成，是各类技术交易场所、服务机构和技术商品生产、交换、流通关系的总和。技术交易市场是整合各类创新资源，为技术交易提供配套综合服务的平台机构，是技术市场的"有形"载体。

技术交易市场的建设与发展聚焦国家战略和区域经济、行业需求，在发展过程中形成各具特色、层次多元的不同类型。技术交易市场按照区域层次划分，可以分为枢纽型、区域性和国际化的技术交易市场；按照建设特色划分，可以分为综合性、行业性、军民两用型技术交易市场。枢纽型技术交易市场旨在依托区位优势，集聚各类创新资源，建成辐射全国技术交易网络重要节点。区域性技术交易市场，以地方特色创新资源和产业资源为基础，推动科技成果服务地方经济社会发展。而国际化技术转移平台，围绕"一带一路"沿线等国家和地区建设，逐步成为国际技术转移网络重要节点。综合性技术交易市场不受行业领域限制，以提供全面的技术交易服务为主。行业性技术交易市场，如人工智能、生物医药等行业，发挥专业化众创空间等创新创业服务载体的作用，提供专业化技术转移和交易服务。军民两用型技术交易中心，则旨在推进军民两用技术、成果及知识产权的双向转化。

（二）技术交易市场的功能定位

技术交易市场是整合各类创新资源的重要载体，聚集高等学校、科研院所、企业、投资人、技术市场服务机构等各类主体，融合技术、人才、资本、服务、需求、信息等各类创新资源，畅通科技成果流通和共享渠道。

技术交易市场是技术成果交易的综合配套服务提供商，是科技与经济之间的桥梁和纽带，是科技创新体系的重要组成部分，能够为技术交易双方提供知识产权、法律咨询、技术评价、中试孵化、招标拍卖等综合配套服务。通过市场化运营机制，集聚高端专业人才，提供专业化服务，促进高等学校、科研院所和企业之间的技术交易和成果转化。

技术交易市场是技术成果的信息展示与挂牌交易平台，通过国家技术交易网络平台及区域技术转移服务平台，依托平台集聚和吸引技术创新资源，提供信息发布、交易撮合、融资并购、公开挂牌、竞价拍卖、咨询辅导等线上线下相结合的专业化服务。推广科技成果市场化定价机制，健全科技成果评价体系，建立完善的技术类无形资产挂牌交易、公开拍卖与成交信息公示制度。

（三）技术交易市场未来探索与发展

随着科技创新驱动发展改革不断深入，技术交易市场进一步发挥其关键承载作用，向专业化、规范化发展。一是特色化、专业化技术交易市场不断涌现。技术交易市场将由综合型、枢纽型，逐步向特色化、专业化方向发展，更加体现关键核心技术的行业属性。二是新技术应用将改变技术市场服务模式。在互联网+、大数据、人工智能等技术的冲击下，广义的技术交易不再局限于传统的"四技合同"，而是贯穿于研发、创意到小试、中试，再到产业化的全过程。三是技术市场服务更加专业、管理更加规范。随着《技术转移服务规范》国家标准的实施，技术转移服务的流程、服务的要求、服务的评价将更加规范，对技术市场服务机构的监督评价将更加科学合理。

四、新型研发机构

（一）新型研发机构概述

1. 新型研发机构的主要特征

新型研发机构的主要特征与传统研究机构相比，新型研发机构在建设主体、管理机制、用人机制等方面有着新的探索，主要体现在以下几个方面。

①投资主体多元化，大部分新型研发机构由高校和科研院所、地方政府、企业共同出资建立，注重对接社会资本。

②管理机制企业化，新型研发机构大多采取企业化的管理模式，在组织管

理、财务管理等方面有相对的独立权。

③用人机制灵活化，新型研发机构以实际需求为导向，配置多学科、多层次人才，并采用合同制等用人制度。

④科研项目需求导向化，新型研发机构围绕区域产业发展方向，加强与企业沟通，深入了解企业技术需求，针对性地开展技术咨询、开发、转让等活动。

2. 新型研发机构需具备的条件

新型研发机构一般应符合以下条件。

①具有独立法人资格，内控制度健全完善。

②主要开展基础研究、应用基础研究，产业共性关键技术研发、科技成果转移转化，以及研发服务等。

③拥有开展研发、试验、服务等所必需的条件和设施。

④具有结构相对合理稳定、研发能力较强的人才团队。

⑤具有相对稳定的收入来源，主要包括出资方投入，技术开发、技术转让、技术服务、技术咨询收入，政府购买服务收入以及承接科研项目获得的经费等。

（二）新型研发机构的功能定位

新型研发机构旨在建立起科研成果潜力释放与市场需求紧密结合的新机制，对高校科技成果转化、企业可持续创新以及区域经济高质量发展有着重要意义。

为建设各类新型研发机构，国家各部委、各地方相关部门在政策制定、制度建设等诸多方面进行了实践探索，建立了不同功能的新型研发机构，如工业技术研究院、产业技术研究院、技术创新中心、制造业创新中心等。

结合各方面的实践探索经验，将新型研发机构的功能定位总结为以下三点。

1. 架起高校、科研院所与市场需求之间的桥梁

新型研发机构既要充分发挥高校创新优势，又要密切对接市场。一方面，新型研发机构以高校、科研院所的优势学科和科研资源为依托，加强科技成果供给；另一方面，新型研发机构靠近市场需求，紧密对接企业和产业，提供全方位、多元化的技术创新服务和系统化解决方案，切实解决企业和产业的实际技术难题。新型研发机构不直接从事市场化的产品生产与销售，而是将研发作为产

业、将技术作为产品，致力于源头技术创新、实验室成果中试熟化、应用技术开发升值，为中小企业群体提供技术支撑与科技服务。

2. 致力于实现从科学到技术的转化

建设新型研发机构有利于建立以企业为主体、市场为导向、产学研深度融合的技术创新体系和现代产业体系，推动企业长期可持续创新。发展起来的新型研发机构通过自身的科技力量孵化培育高新技术企业。

3. 新型研发机构立足于服务区域经济发展

发展新型研发机构作为一种创新资源配置的手段，通过聚集高创新资源，以高校与区域合作等形式，将创新资源由丰裕区向稀缺区投射，缓解创新资源需求与供给在空间上的结构性矛盾，从而为区域经济的高质量发展提供新动能。新型研发机构应契合当地产业发展需求，引领带动重点产业和区域实现创新发展。

（三）新型研发机构的建设路径

为发挥新型研发机构效能，应重点从法人注册形式、核心建设原则与管理运行机制三个方面推动新型机构的建设。

1. 法人注册形式

（1）科技类民办非企业单位性质的新型研发机构

科技类民办非企业单位应依法进行登记管理，运营所得利润主要用于机构管理运行、建设发展和研发创新等，出资方不得分红。符合条件的科技类民办非企业单位，按照《中华人民共和国企业所得税法》《中华人民共和国企业所得税法实施条例》以及非营利组织企业所得税、职务科技个人所得税、科技进口税收等规定，享受税收优惠。

（2）企业类的新型研发机构

企业类新型研发机构应按照《中华人民共和国公司登记管理条例》进行登记管理。鼓励企业类研发机构，运营所得利润不进行分红，主要用于机构管理运行、建设发展和研发创新等。依照《高新技术企业认定管理办法》，企业类新型研发机构可申请高新技术企业认定，享受相应税收优惠。

2. 核心建设原则

（1）多方参与、协同创新

鼓励有资源和能力的多方单位参与，贡献各自力量。各单位根据自身特长，发挥自身优势相应支持，如高校、科研院所主要提供人才和支撑，企业提供资金、项目和产业需求信息，政府提供政策、引导经费和政府购买服务支持。

（2）各取所需、按比分配

各参与主体根据自身需求，获得相应回报，如高校需要论文、科技奖励，新型研发机构产生的论文和科技奖励主要归高校；企业追求专利及实际利益，新型研发机构产生的专利及转化收益主要归企业。新型研发机构由高校、企业、政府等多种形式的多方主体共同投资与合作，其产出及收益根据事先约定，最终成果转化的现金或股权收益根据各方出资比例或贡献大小按比例分配。

（3）面向市场，以需求为导向

新型研发机构有别于传统的依托高校、科研院所的实验室和工程技术中心，需面向市场，以企业需求为导向，以开发产品为目的，将科技成果进行小试、中试、大试或工程化试验，或将专利技术进行二次开发，加强专利技术输出，孵化企业和培养产业人才。

（4）独立运行，自我造血

坚持以市场为导向，探索灵活、多样的市场化发展机制，铸就新型研发机构自身市场化的生存能力，实现自我造血和可持续发展。

3. 管理运行机制

（1）引入开放式的合作机制

以项目为牵引和纽带，与国内外高校、科研院所和企业开展广泛的人才合作，共建协同创新平台。开放地联合国内外相关高校、科研院所、龙头企业、创新平台、协会、联盟等，通过各共建单位、参建单位、参与单位优势资源整合，实现多学科、跨领域、跨地区的技术创新，优势互补、资源开放共享，充分发挥创新资源合理配置的协同优势，提升持续创新能力。

（2）建立科学化的研发组织体系和内控制度

新型研发机构根据科学研究、技术创新和研发服务实际需求，自主确定研发选题，动态设立调整研发单元，灵活配置科研人员、组织研发团队、调配科研设备。

（3）采用市场化用人机制、薪酬制度

新型研发机构以市场化手段开展人才选拔与聘任，按照市场化高端人才的薪酬福利全球招聘引进全职工作的院长、副院长。核心管理运营团队既要考虑在行业内具有较高知名度和较高水平的管理能力，同时必须保障能够全身心投入研究院建设运营工作。根据岗位性质和聘期长短、聘用形式等因素，对标市场化薪酬，合理确定职工工资水平，采取补贴制、年薪制、月薪制、任务包干制等多种薪酬制度。

（4）设计合理的利益分配与激励原则

申请了知识产权的科技成果，不管是许可、转让后的现金收益，或是作价入股、自行投资孵化形成的股权，要按投资比例的多少和多劳多得的原则进行分配。有国资参与的，要严格按照国家法律和政策执行。要加大对科技成果完成人的激励政策，同时要加大对投资者的激励措施，这样才有人愿意来创新，也才有人愿意来投资创新。

（5）建立分类评价体系

建议围绕体制机制创新、高端人才和团队引进、发明专利数量、科技成果拥有量、技术转移服务、孵化培育企业数量以及经济效益等，科学合理设置评价体系，突出创新质量和贡献，注重发挥用户评价作用。

五、孵化器、加速器等平台载体

（一）创新创业平台的概念与分类

创新创业平台是科技成果产品化到产业化进程中的重要载体，在科技成果转化后期起到重要催化和承载作用，主要包括孵化器、众创空间、加速器等几种类型。从定位及服务形式来看，以上几种载体都为初创团队提供包括办公场地、外包服务及资源共享等周边服务。孵化器更多定位于服务初创科技型中小企业，为其提供公环境并配套产业资源与资金支持，入孵筛选规则相对严格。大学科技园通常可以认为是依托高校科技创新资源优势，实现高校自身科技成果产业化的科技企业孵化器。众创空间组织相对灵活，面向所有创新创业群体开放，与传统意义的孵化器相比门槛更低。加速器则是在孵化器基础上对具备一定发展基础的初创企业进行技术与商业的快速升级迭代，加速其成长过程。

1. 孵化器

孵化器是以促进科技成果转化、培育科技企业为宗旨的服务机构。孵化器分类多样，按照发起主体不同，可分为国有背景和民营孵化器；按照服务对象划分，又分为产业型、创投型、空间/物业型、媒体型和地产型等类型孵化器。

2. 众创空间

从服务功能来看，广义上的众创空间是指能够为创新创业提供服务的实践平台，狭义上的众创空间是通过聚集多样化的创业项目及活动方式来实现多种创业资源融合，是推动创新创业成果转化的基础型孵化器。作为早期的孵化载体，众创空间一般可分为创客型、孵化型和服务型三种类型。其中创客型众创空间是目前众创空间的主要发展类型，主要由投资主体承租物业，为创业者提供办公空间等。众创空间对激发大众创造活力，培育创新人才和团队，带动扩大就业，促进经济发展具有重要意义。

3. 加速器

加速器是介于企业孵化器和科技园区之间的一种中间业态，被认为是一种独立于企业之外，按市场机制运行，为具有一定规模和成长速度的中小企业提供专门服务的机构或组织，是科技园区从外延式扩张进入内涵式扩张的初步尝试，具有更强的集群吸引力和创新网络形态。目前我国大多数地区已建成或正在建设科技企业加速器，其中，华北、东北、华东居多，中南、西南偏少。具体来说，北京市、上海市、广州市、天津市、江苏省、浙江省、福建省等东南部沿海地区在建企业加速器集聚，数量超全国企业加速器的一半，分散于经济开发区、产业园、科技园等科技性企业聚集地。

（二）创新与发展趋势

在"双创"浪潮下，国内科技创新创业活动表现较为活跃，中小企业数量也逐年增长，孵化器、加速器等平台载体作为发展创新经济和培育内生增长能力的战略工具将呈现新的发展趋势。

1. 更加专业化

创业服务竞争日趋激烈，孵化器、加速器等载体将向专业化、精细化方向升级、发展，按照行业领域，进行深耕细作，提供深度培育服务。

2. 更加精准化

企业从种子期开始，要经历萌芽、成长、壮大的过程，均需要优质资源。在企业成长各个阶段，各类平台载体将充分发挥资源集聚作用，提供更加精准的服务支撑。

3. 大型企业成为重要依托

依托经验、资源和资本条件雄厚的大型企业创办孵化器、加速器具有较大先天优势。大企业通过孵化器、加速器等不仅吸引了外部高端人才，同时伴随着优质项目的出现，也为未来发展提供新的增长点。

4. 投资功能进一步加强

融资难是目前科技创业型企业面临的普遍问题，从长远来看，孵化器、加速器等载体应进一步回归投资属性，通过投资孵化企业的股权获取收益，与被孵企业形成捆绑的发展模式，为载体自身发展注入新动能。

第四节　科技成果转化人才

一、科技成果转化人才分类及能力要求

科技成果转化人才服务于科技成果转化全链条各个环节，是科技成果转化服务体系的重要组成部分。按照不同的分类方法，科技成果转化人才分为不同类型，并且应具备不同的技术转移相关基本能力。以下内容中使用的"技术转移人才"与"科技成果转化人才"含义相同。

（一）按照人才的业务层次划分

技术转移人才按照能力规范和评价等级分为初级、中级、高级三个等级。

初级技术转移人才应具备提供科技中介服务的能力，掌握从事技术转移工作应知应会的相关概念、基础知识、政策法规，以及需求挖掘、技术评价、技术交易、技术合同管理等实务基础，具备开展初级技术转移服务的知识素养和服务能力。

中级技术转移人才应具备提供专业化、个性化技术转移服务的能力，了解相关专业领域的技术知识和发展趋势，具备提供中试熟化、技术集成、资本和基金运作等的知识结构和服务能力，熟悉创业孵化流程，熟练掌握专利申请流程、商务谈判技巧等专业技能。

高级技术转移人才应具备开展更深入、更专业技术转移的知识储备和服务能力，能够独立或带领团队开展技术转移服务，熟悉国内外相关产业领域技术知识和发展趋势，能够运用专利布局、专利运营，提供高质量、高价值专利并实施技术转移，了解国内外技术转移机构及其运营模式，能够结合企业实际需求熟练运用。

（二）按照人才工作内容划分

在不同阶段技术转移人才发挥的作用有所不同，按照科技成果转化全流程的不同阶段和技术转移人员的工作内容可以划分为科研阶段技术转移人员、转化阶段技术转移人员和产业化阶段技术转移人员。

科研阶段技术转移人员在科技成果研发和小试阶段参与管理。包括在对成果的市场定位、科技成果相关政策要求等方面进行指导，预测成果产生转化的影响因素，对技术项目进行财务分析、可行性研究与不确定性分析等。

转化阶段技术转移人员在中试及转化阶段参与管理。包括对中试熟化的实施条件和要求进行监督管理，对技术成熟度进行评价，对科技成果的技术价值、经济价值进行评价，实施风险评估，对技术合同的签订、合同成交额及其技术交易额等方面进行监督确认等。

产业化阶段技术人员在科技成果转化完成走向市场进行产业化过程中进行管理和保障。包括对知识产权保护、成果价值实现及后续追踪，合同的变更、转让、终止和解除，违约责任，合同的监督管理等。

二、技术转移人才培养模式

技术转移专业人才的成长是广泛的知识积累和丰富的实践经验相结合的过程，仅通过学术教育或资格培训是无法完成的。日本和欧美最早开始探索如何在技术转移专业人员的初始培训中将两种技能融合起来，他们采用了由政府制定职业技术转移人才培训计划，将技术转移的基础知识纳入高等教育系统的做法，这一做法为我国所借鉴并在部分高校开始实行。根据教育类型的不同，我国对技术转移专业人员的培养做了有益探索，形成了非学历教育和学历教育两种主要培养模式。

（一）技术转移人才的非学历教育

技术经理人（也称为技术经纪人）是提供科技成果转化专业服务的关键性人才，其工作范围较广，在科技成果转化中发挥牵线搭桥作用，同时也参与到科技成果转移转化全流程中，包括发明披露、发明评估、专利申请、市场营销、签署许可协议等，对成果产生到中试，最终实现产业化的全流程进行系统规划和设计。因此，技术转移人才的非学历教育多着眼于技术经理人（经纪人）培养，主要通过资格认证的方式进行培训。

（二）技术转移人才学历教育模式

1. 多学科交叉课程学习

多学科交叉课程学习主要从有工科背景的本科生中选拔，进入研究生阶段，学习工商管理模块、市场营销和金融投资模块、知识产权和科技法律模块、国际贸易和国际贸易争端模块、工科前沿技术发展模块等知识。

2. 实习实践环节培养

培养过程中设置实习实践环节，时间不少于6个月。实习实践分为两个阶段，第一阶段进入学校技术转移中心、学校在外省市设立的研究院进行实习实践。第二阶段进入高科技工业园区管委会、国际和国内实力雄厚的投资公司等进行实习实践。

3. 实施双导师制

根据技术转移专业实践性与理论性高度融合的特征，采取"学术导师+实践导师"的双导师制。以技术转移学院为平台，建设一支知识结构合理的高水平导师队伍，主要从管理学院、法学院等专业学院选聘学术导师，从技术转移管理机构、创新创业中心、重点企业等选聘实践导师。

4. 强化国内外协同培养

通过"小核心、大网络"加强协作，吸纳更多单位共同参与技术转移人才培养工作。集约资源，开放办学，共建共享。与兄弟高校、科研院所、技术转移机构加强合作，特别是要跟国外知名技术转移机构和著名高校开展合作，为研究生提供实习锻炼机会，强化协同培养。

三、技术转移人才未来发展

未来技术转移人才发展应针对科技成果转化和服务机构及人才队伍建设的堵点和制约因素做进一步突破，切实有效完善各地区政府提出的各项举措，为我国科技成果转化工作开展及人才队伍壮大提供引导和支持。一是加大高端技术经理人培育力度。借鉴典型国家和先进地区技术经理人培养机制和模式，实现对从初级到高级以及高校、企业和中介服务机构等不同级别的人员进行差异化、层次化和针对性培训。二是强化技术经理人管理体系建设。建立健全技术转移人员的实务培训和认证标准，包括资格认证、从业条件、定期考核等，不断完善技术转移从业人员的准入机制。三是高校、科研院所技术转移机构持续整合人才资源。充分发挥高校及科研院所要素资源优势建立科技成果转化机制，成立专门机构引导高校与地方企业互通合作，将高校科研成果与企业联系起来，促进科研人员与企业团队的对接，增加科技成果转化成功率。四是健全技术转移人才提升储备计划。依托高校、科研院所、行业企业集团、社会培训机构和就业中心等机构，整合技术转移领域资深专家，建立专家人才库，推动建设技术转移人员实操培训平台，加快对高技能人才的培训。

第二章　科技成果转化方式、流程与评估

第一节　科技成果评估

一、科技成果评估概述

（一）科技成果评估定义

以下科技成果评估采用科技部科技评估中心等单位起草的国家标准定义，即在科技成果产出、管理、转移转化或推广应用等过程中对成果开展的各类评估活动，一般包括科技成果的创新性、先进性、成熟度、可行性、应用前景、潜在风险、社会效益、经济效益等内容。

（二）科技成果评估在成果转化中的作用

在科技成果面向市场有效转移转化的过程中，对科技成果的准确识别及价值判断，成为当前成果转化实际过程中最大的难点。科技成果评估正是打开这一道道成果转化困境的"金钥匙"。以"供给驱动型"成果转化为例，在对科技成果进行挖掘筛选、项目引进、技术交易、熟化推广等转化的重要过程中，均需根据实际需要对科技成果进行不同指标维度的评估。

科技成果评估既是成果转化的"助推器"，也是关键"瓶颈"。评估到位，则可以大大提高成果转化效率。在实际的成果转化过程中，根据不同的转化方式及不同阶段的需求，科技成果评估通常具有以下主要作用。

1.有利于快速地筛选出可供转化的成果，实现精准转化

面对现实中存在的海量专利、专有技术（技术秘密）等成果信息，要挖掘与

筛选出可供转化、适合转化的科技成果，需要依靠专业化的评估筛选活动。专业的科技成果评估可以通过信息化与智能化手段，适当时借助行业专家的力量，依据市场前景与战略需求，从不同的技术领域、技术成熟度、经济价值、社会价值、交易价格（意愿）、转化方式（意愿）等多种角度，运用专业能力，大范围、快速地筛选出有转化价值的成果，大大减少在无转化价值成果上时间与人力的浪费，实现精准转化。

2. 有利于准确识别技术需求，高效对接相应成果与科研团队

在"需求驱动型"成果转化过程中，对现有技术需求的准确描述，以及对所需资源与成本的预估分析至关重要，会直接影响后续成果转化能否顺利推进。专业的科技成果评估往往依靠丰富科技资源（科技成果、专家、团队与机构等），依靠专业化工具与手段，加上自身以往经验积累，可以为需求方提供合理的转化方案、成本预算等咨询意见；同时，可以帮助其更精准地挖掘需求、匹配合适的科研团队与机构，促其事半功倍。

3. 有利于技术交易双方快速达成共识，提高成交效率

第三方评估机构以相对客观、公正的立场，对科技成果及其市场发展前景等进行科学、专业的分析预测，可以增进交易双方对科技成果的认知，促进双方快速作出决策。

科技成果评估可以通过专业的技术分析与市场调查，结合管理、财务、知识产权等专业知识，借助会计方法，预估出有理有据的可供参考的交易价格（区间）。交易各方可以此为基础，根据实际情况与自身发展战略，更快地商谈出各方可接受的交易价格及合作方案。专业的科技成果评估作价可以作为高校、科研机构成果转化的重要参考依据之一，对消除"国有资产低价转让、低价折股"嫌疑，维护科研人员利益，降低相关领导在成果转化过程中决策的问责风险，具有独特作用。

4. 有利于项目成果落地转化的正确决策，降低招商与资助风险

在政府、园区、孵化器等引进创新创业项目成果时，如果由外行人员决策，或者临时邀请外部专家短时间内评审决策，容易出现对项目信息的了解不充分、不准确、不全面，对市场信息与市场前景分析与预测不到位，对团队的技术、业

务、管理能力及未来风险认知不足的情况，进而影响决策失误，最终导致招商与资助项目失败。科技成果评估通过专业人员收集成果与市场信息，借助信息化、大数据与人工智能等手段，利用广泛的业内资源，经过相对科学的分析与预测，并对招商与资助项目成果提供合理的跟进与监督管理建议，可以大大降低决策风险，提高项目成果落地转化的成功率。

二、科技成果评估主体与要求

（一）评估主体及职责

1. 评估机构

评估机构被定义为：承担评估任务，形成评估结果，出具评估报告，并承担相应责任的组织机构。

通常地，评估机构首先应保证合法、公正，因此，应是独立的法人机构；与委托方、成果方不存在影响公正性的关联关系；能够对所做出的评估结论负责；并能够接受行业管理机构监督。其次，评估机构应具备相应能力，其人员、设施、环境、专家资源、工作方法、内部控制方法等需要达到一定条件与水平。另外，评估机构应建立风险管控体系，针对泄密、报告延迟交付、外部投诉、评估项目组人员违纪、报告交付后发现原来结论不合理等事件，制定管控措施，以确保应对得当。

为了适应市场经济发展，促进科技成果转化，国家鼓励第三方评估机构在科技成果评估方面充分发挥作用，并引导各类评估机构向市场化、规范化、专业化方向发展。目前，评估机构从机构类型上来看主要包括政府类评估机构、市场化科技评估机构、技术转移机构、地方性行业协会、金融风险投资机构、知识产权服务机构等。

2. 评估人员

评估人员被定义为：参与评估活动的人员，包括评估机构从业人员、评估机构聘请的外部人员和咨询专家、评估专家组专家等。

评估人员应具备与所从事评估工作相关的知识和技能；应与委托方或成果所

有方不存在可能影响评估公正性的关联关系；应遵纪守法、敬业诚信、客观公正，遵守科技评估行业行为规范；应对评估过程中获得的所有非公开信息保密，未经评估机构同意，不应向未授权方透露，除非法律法规要求披露这些信息。

为提高评估人员的职业化、专业化水平，建议有条件的评估机构与评估行业组织对评估人员进行级别与专业管理。

3. 咨询专家

咨询专家被定义为：根据评估任务需要，评估机构在评估项目组之外聘请的，为相关事项提供咨询意见的专家。

咨询专家是提供特定知识、技术、信息与意见的人员。咨询专家一般是评估机构临时聘请的外部人员，通常来源于高校、科研院所、企业、行业协会、行业主管部门、客户、中介服务机构等，提供的咨询通常包括技术、管理、财务、投融资、法律、政策等专业方面的知识，产业技术与市场发展等方面的信息，以及对科技成果的分析评判意见等。

咨询专家应遵守国家法律法规和社会公德，具有严谨的科学态度和良好的职业道德；应遵守各项公正、廉洁、保密等纪律要求，自觉坚持回避原则；应按照评估要求客观、公正、独立地发表意见；应在所提供咨询服务的专业领域中有丰富的理论知识和实践经验；应与委托方或成果所有方不存在可能影响评估公正性的关联关系；必要时，可协助评估团队开展材料审查、质询、答疑、实地调研、评估报告撰写、评估报告审核等工作。

（二）科技成果评估原则

1. 分类评估原则

根据评估目的或行业领域等不同，应选择适宜的评估内容和评估方法。如仅用于技术转让目的的评估，可能"团队"就不需要深度评估或不需要评估（相当于删减该条款），技术的经济价值（含预估交易价格）则是其评估重点；如仅用于招商目的的评估，可能成果本身的交易价格就不需要评估，而"团队"是其评估重点；再如，对于一个普通的制造业工程技术成果，其文化价值可以不评估，但对于一项文化产品科技成果，其文化价值就是其评估重点。

2. 系统性原则

将科技评估作为一个系统来管理，是科技评估专业化和职业化发展的重要标志。对技术成熟度、技术创新度、技术先进度、知识产权保护情况、团队、经济效益、社会效益、风险等方面的评估内容进行横向系统性管理，可以使评估内容不遗漏，主次有度。对受理申请、制定评估方案、收集信息、组建咨询专家组、分项评估、实地调研、形成评估报告、报告审核、交付报告及后续服务等评估流程进行纵向系统性管理，可以使评估过程不杂乱，先后有序，以最低的投入（人力、时间、资金等）获得最佳评估效果（评估结论科学、准确，客户与利益相关者满意等）。

3. 定量定性相结合原则

体现科学性的一个重要标志就是用数据与事实说话。为真实、直观地反映科技成果水平，评估过程和评估结论可充分利用评分、评级、计量等量化工具，以便衡量、对比。但有些内容无法用数据来表达，此时应结合必要的文字描述、说明与分析。

4. 可溯源原则

在评估结论中出现的信息与数据，应可以对其来源及计算方法进行溯源。信息与数据来源包括外部公开信息、相关方提供信息、咨询专家意见、第三方独立机构出具信息（如检测报告、查新报告、审计报告等），或成果完成方出具信息（如自检报告、销售记录等）。实际评估时应根据多方信息，综合考虑是否适合采纳或部分采纳。

三、科技成果评估指标内容与方法

（一）科技成果评估各类指标

1. 科技成果评估指标设计

鉴于我国应用技术类科技成果的特点和目前的科技统计工作状况，建立科技成果评价指标体系应遵循以下原则。

（1）科学性原则

指标体系应能真实、客观地反映科技成果的水平和价值。指标反映的内容应当是成果性质和特点的充分、科学体现，选择最能体现成果水平和价值的指标。

（2）系统性原则

指标体系应当较为完整、全面地体现科技成果各方面的情况。

（3）准确性原则

由于科技成果评估具有一定复杂性和模糊性，因此我们不能忽视量化指标的准确性，指标体系应能较好地衡量被评价成果的优劣。

（4）可操作性原则

在指标设计上，应尽量采用现有科技和经济统计数据，避免随意推断和假设数据，这样才能易于执行和应用。

2. 科技成果评估指标体系

应用技术类科技成果评估的影响因素是多层次的动态系统，涉及评价的因素众多、结构复杂，只有从多个角度和层面来设计指标体系，才能准确反映科技成果的水平。通过归纳总结应用科技成果的共同属性，科技成果转化评估大致可分为技术水平、产业化前景、经济效益、社会效益和市场前景。这五个方面是科技成果转化评估指标体系建立的基本依据。

（二）科技成果评估指标内涵

通过系统地建立科技成果指标体系，阐述各指标的内涵，达到指导科技成果评估实践，促进科技成果转化的目的，其重要性及意义表现在：一是有利于全面揭示科技成果的价值；二是有利于科技成果的交流和转化推广；三是有利于帮助分析成果在市场中的竞争力；四是有利于获得投资方和合作方的认可，是在获取投资、许可、转让、合作中对成果价值的重要依据。

1. 技术成熟度

技术成熟度是科技成果相对于服务于实际生产所处的发展阶段，来源于美国的技术就绪水平（Technology Readiness Level，TRL），在科技成果标准化评估体系中，技术成熟度等级的划分十分细致，与科研过程的对应更为准确，其基本定义如表2-1所示。从表2-1中可以看出，技术成熟度的基本定义是以硬件类交付物作为描述对象。技术成熟度共分为9个级别，每个级别都有一个简称和明确的定义。技术成熟度与传统的技术发展阶段的关系是：1～3级为理论研究阶段，4～6级为实验室应用研究阶段，7～9级为工业化生产研究阶段。对于传统的每一个发展阶段，技术成熟度都进行了进一步的细分，有利于使成熟度评估的结果更加准确。由于不同行业领域的差异性，其相应的技术成熟度等级定义和主要成果形式可根据表2-1中的特征描述进行适当调整。

需要说明的是，所有技术在评估的时候都作为一个完成点来评估，而不同的技术所处的成熟度等级是截然不同的。例如，做理论研究的，无论水平多高，从成熟度的角度来说，最高只能达到3级。对于进行中试研究的人员，中试研究成功，就能达到7级。

表2-1 技术成熟度等级基本定义

等级	特征描述	主要成果形式
第一级	观察到基本原理并形成正式报告	报告
第二级	形成了技术概念或开发方案	方案
第三级	关键功能分析和实验结论成立	验证结论
第四级	研究室环境中的部件仿真验证	仿真结论
第五级	相关环境中的部件仿真验证	部件
第六级	相关环境中的系统样机演示	模型样机
第七级	在实际环境中的系统样机试验结论成立	中试产品
第八级	实际系统完成并通过实际验证	工业化设备试验产品
第九级	实际通过任务运行的成功考验，可销售	可销售产品

2. 技术创新度

技术创新度是科技成果的创新点在特定领域范围及应用领域范围内有或无的情况，通常用等级表示，共分为4级。要实现对等级的明确定义，必须要对创新度的本质进行研究。创新度最根本的特点是"此有彼无"，"此"即为被评估的技术，而"彼"涉及的范围非常广泛。可以将同一个技术在不同时间的情况分别作为"此"和"彼",也可以在不同技术之间对比有和无。只有在一定范围内实现"此有彼无",才能称之为创新。结合地域范围和应用领域范围的不同,将科学技术创新度划分为四个不同的等级,建立创新度等级的定义,如表2-2所示。特别要注意的是,在国内范围公开的论文、专利、官方网站或权威媒体报道等数据来源中且在该成果的应用领域中,检索出与被评科技成果创新点相同的信息,则该成果的技术创新度评估结论为"技术无创新"。

表2-2 技术创新度等级定义

级别	定义
第四级	该技术创新点在国际范围内,在所有应用领域中都检索不到
第三级	该技术创新点在国际范围内,在某个应用领域中检索不到
第二级	该技术创新点在国内范围内,在所有应用领域中都检索不到
第一级	该技术创新点在国内范围内,在某个应用领域中检索不到

3. 技术先进度

技术先进度是指在特定地域范围以及应用领域范围内,科技成果的核心性能指标或功能参数与具有相同应用目的的对标科技成果相比所处的水平。应用类技术先进度等级的定义是在基本定义的基础上,对参照物的类型和水平进行细化,并根据对比结果的高低划分而成,共分为七个等级。如表2-3所示。

表2-3 应用类技术先进度等级定义及证明材料

级别	定义	被评科技自身指标证明材料	对比物指标证明材料
7级	被评技术成果的核心指标至少满足以下条件之一： ①高于公开报道的或第三方检测的国际一流品牌产品的检测指标。 ②高于国际专利检索中的最高数据水平。 ③高于SCI、EI期刊所发表的数据水平。 ④高于鉴定结果为国际领先的相关成果指标。 ⑤高于经过科技成果标准化评估且先进度为6级或7级成果的相关指标。 ⑥若其他国家没有相关的研究，该指标高于中文核心期刊所发表的数据水平（仅适用于产业化技术研究，需咨询专家特别说明）。	提供下列材料之一： ①成果完成人发表的中文核心以上层次的学术论文。 ②具有检测资质的第三方检测机构出具的产品检测报告。 ③地市级以上科技部门组织完成的项目验收意见。	提供下列材料之一： ①国际一流品牌产品相关指标的第三方检测报告。 ②对比技术国际专利说明书中，含有对比指标数据的页面。 ③对比技术在被SCI、EI收录期刊所发表论文的首页和含有对比指标数据的页面。 ④政府官网或万方数据网站检索到的已完成成果的信息网页截图或鉴定报告。 ⑤科技成果标准化评估报告。 ⑥对比技术在中文核心期刊发表论文的首页和含有对比指标数据的页面（仅适用于产业化技术研究，需专家特别说明，国外没有相关研究或水平较低）。

续表

级别	定义	被评科技自身指标证明材料	对比物指标证明材料
6级	该技术的核心指标至少满足以下条件之一： ①达到公开报道的或第三方检测的国际一流品牌产品的检测指标。 ②达到国际专利检索中的最高数据水平。 ③达到SCI、EI期刊所发表的数据水平。 ④达到鉴定结果为国际领先或国际先进的相关成果指标。 ⑤达到经过科技成果标准化评估且先进度为6级或7级成果的相关指标。 ⑥超过非SCI、EI的高水平外文期刊所发表的数据水平（需专家特别说明）。 ⑦若其他国家没有相关的研究，该指标达到中文核心期刊所发表的数据水平（仅适用于产业化技术研究，需咨询专家特别说明）。	提供下列材料之一： ①成果完成人发表的中文核心以上层次的学术论文。 ②具有检测资质的第三方检测机构出具的产品检测报告。 ③地市级以上科技部门组织完成的项目验收意见。	提供下列材料之一： ①国际一流品牌产品相关指标的第三方检测报告； ②对比技术国际专利说明书中，含有对比指标数据的页面。 ③对比技术在被SCI、EI收录期刊所发表论文的首页和含有对比指标数据的页面。 ④政府官网或万方数据网站检索到的已完成成果的信息网页截图或鉴定报告。 ⑤科技成果标准化评估报告。 ⑥对比技术在中文核心期刊发表论文的首页和含有对比指标数据的页面（仅适用于产业化技术研究，需专家特别说明，国外没有相关研究或水平较低）。

续表

级别	定义	被评科技自身指标证明材料	对比物指标证明材料
5级	该技术的核心指标至少满足以下条件之一： ①高于公开报道的或第三方检测的国内一流品牌技术的检测指标。 ②高于国内专利检索中的最高数据水平。 ③高于中文核心期刊所发表的数据水平。 ④高于鉴定结果为国内领先的相关成果指标。 ⑤高于经过科技成果标准化评估且先进度为4级或5级成果的相关指标。 ⑥高于中文一般学术期刊所发表的数据水平（仅适用于产业化技术研究，需专家特别说明）。	提供下列材料之一： ①成果完成人发表的学术论文。 ②具有检测资质的第三方检测机构出具的产品检测报告。 ③地市级以上科技部门组织完成的项目验收意见。 ④该成果所包含技术的专利说明书中含有自身指标的页面。	提供下列材料之一： ①国内一流品牌产品相关指标的第三方检测报告。 ②对比技术专利说明书中，含有对比指标数据的页面。 ③对比技术在中文核心期刊所发表论文的首页和含有对比指标数据的页面。 ④政府官网或万方数据网站检索到的已完成成果的信息网页截图。 ⑤科技成果标准化评估报告。 ⑥对比技术在中文一般期刊发表论文的首页和含有对比指标数据的页面（仅适用于产业化技术研究，需专家特别说明）。
4级	该技术成果的核心指标至少满足以下条件之一： ①达到公开报道的或第三方检测的国内一流品牌技术的检测指标。 ②达到国内专利检索中的最高数据水平。 ③达到中文核心期刊所发表的数据水平。 ④达到已经认定为国内领先或国内先进的相关成果指标。 ⑤达到经过科技成果标准化评估且先进度为4级或5级成果的相关指标。 ⑥达到中文一般学术期刊所发表的数据水平（仅适用于产业化技术研究，需专家特别说明）。	提供下列材料之一： ①成果完成人发表的学术论文。 ②具有检测资质的第三方检测机构出具的产品检测报告。 ③地市级以上科技部门组织完成的项目验收意见。 ④该成果所包含技术的专利说明书中含有自身指标的页面。	提供下列材料之一： ①国内一流品牌产品相关指标的第三方检测报告。 ②对比技术专利说明书中，含有对比指标数据的页面。 ③对比技术在中文核心期刊所发表论文的首页和含有对比指标数据的页面。 ④政府官网或万方数据网站检索到的已完成成果的信息网页截图。 ⑤对比技术在中文一般期刊发表论文的首页和含有对比指标数据的页面（仅适用于产业化技术研究，需专家特别说明）。

续表

级别	定义	被评科技自身指标证明材料	对比物指标证明材料
3级	该成果的核心指标达到所在行业国内最高标准	提供下列材料之一： ①完成人发表的学术论文。 ②具有检测资质的第三方检测机构出具的产品检测报告。 ③地市级以上科技部门组织完成的项目验收意见。 ④该技术所包含技术的专利说明书中含有自身指标的页面。	提供用于对比的标准名称和含有对比指标要求条款的页面
2级	该成果的核心指标达到所在行业国内最低准入标准		
1级	该技术的核心指标暂未达到上述任何要求	/	/

4. 知识产权保护情况

专利是科技成果的重要的表现方式和载体，也是科技成果技术水平的体现，因此，这里所涉及的知识产权保护内容主要为专利，即发明专利、实用新型专利、外观专利保护情况。在评估过程中，由评估项目组根据成果方提供的证明材料明确科技成果的知识产权信息，包括但不限于知识产权数量、类型、申请进展、保护期限、剩余年限等。

在专利评估方面，多采用专利分析评议法对知识产权进行评估，评估内容包括但不限于保护范围、保护强度、不可规避性、依赖性、侵权可判定性及时效性等。在评估指标设定方面，通过分析专利特性、专利技术、法律等维度，可选取申请时长、专利维持时间、权利要求数、被引用次数、同族专利数量、说明书页数、实施例个数、权利要求层级、发明人数和IPC分布广度等指标进行评估。

5. 团队

团队人员是科技成果的实施主体，团队能力对科技成果的技术水平和产业化发展会起到较大的作用。科技成果评估中的团队评估，主要对科技成果相关的研发和管理团队进行评估。在团队评估中，通过以下内容分析团队在研发能力、商务能力、团队完整性、团队稳定性、核心人员行业技术地位（水平）等五个方面的水平。

①评估工作应根据证明材料评估分析团队所有成员基本信息，包括但不限于姓名、性别、年龄、职称、学历/学位、工作单位、工作经验、与被评科技成果相关的创造性贡献等。

②评估项目组应根据证明材料评估分析团队负责人的信息，包括但不限于研究方向、学术代表作、承担的代表性项目、成果转化代表性业绩、科研诚信记录等。

6. 经济效益

经济效益是衡量一切经济活动最终的综合指标，对科技成果进行经济效益的评估，其实质是对成果的市场竞争力、盈利能力、未来发展空间及前景的评估，有助于分析判断科技成果本身的技术价值和经济价值。评估时从技术服务收入、科技成果转让收入、新产品销售收入等方面对已取得的经济效益进行评估；从未来技术服务收入、未来科技成果转让收入、潜在产品销售收入、提高效益、降低成本获得的新增利润等方面对预估未来在应用推广中可能取得的潜在收入进行评估；从现有产品的再定位、潜在产品的预定位等方面对市场定位进行评估；从各细分行业市场规模总和对市场规模进行评估；从各细分行业的市场空间和市场占有率方面对市场竞争能力进行评估；市场需求和市场价格预期方面对市场前景进行评估，具体如表2-4所示。

表2-4 科技成果转化的经济效益评价指标体系

二级指标	三级指标
已取得的经济效益	技术服务收入
	科技成果转让收入
	新产品销售收入
预估未来在应用推广中可能取得的潜在收入	未来技术服务收入

续表

二级指标	三级指标
预估未来在应用推广中可能取得的潜在收入	未来科技成果转让收入
	潜在产品销售收入
	提高效益、降低成本获得的新增利润
市场定位	现有产品的再定位
	潜在产品的预定位
市场规模	各细分行业市场规模总和
市场竞争能力	各细分行业的市场空间
	各细分行业的市场占有率
市场前景	市场需求预期
	市场价格预期

7. 社会效益

科技成果社会效益评估的内容可分为9个方面，即科技成果对产业技术水平的影响，对国家安全能力和公共安全水平的影响，在开发和利用资源方面的作用，在节约能源、降低消耗方面的作用，在防治环境污染、保护生态、应对气候变化方面的作用，在防灾减灾方面的作用，在改善民生和提高公共健康水平方面的作用，在促进现代农业或者农村经济发展方面的作用，在加快民族地区、边远地区、贫困地区社会经济发展等方面的作用。这9个方面又可从成果的技术进步效益、成果劳动生产率提升的效益等23个方面对其进行进一步分析评估，具体如表2-5所示。

表2-5 科技成果社会效益评估基本指标

二级指标	三级指标
对产业技术水平的影响 成果劳动生产率提升的效益 对产业升级、赋能的作用	成果的技术进步效益

续表

二级指标	三级指标
对国家安全能力和公共安全水平的影响 对国防及国家威望的影响	对社会安全、稳定的影响
在开发和利用资源方面的作用 节约耕地、能源、水资源、海洋资源、生物资源、矿产资源 自然资源综合利用效益	国土开发利用效益
在节约能源、降低消耗方面的作用 节能降耗产生的效益	利用新能源产生的效益
在防治环境污染、保护生态、应对气候变化方面的作用 对自然环境的污染治理 影响自然景观，破坏绿化 传播有害病菌，危害野生动物生存 破坏森林植被，造成水土流失	对环境质量的影响
在防灾减灾方面的作用 对防止自然灾害的影响	诱发地震及其他自然灾害
在改善民生和提高公共健康水平方面的作用 对就业的影响	对收入分配的影响
在改善民生和提高公共健康水平方面的作用	对当地人口及文化教育、卫生保健的影响
	对社区组织结构的影响
在促进现代农业或者农村经济发展方面的作用	成果促进地区经济发展的影响
	成果促进国民经济发展的影响
在加快民族地区、边远地区、贫困地区社会经济发展等方面的作用	——

8. 风险

科技成果的产生往往伴随着风险，因此，对科技成果进行各个维度的风险披露，有助于更加准确地把握科技成果的技术价值、经济价值和社会价值，有助于后期有效地规避或应对相关风险，对科技成果未来的发展起到指导性的作用。风险评估主要包括但不限于技术风险、知识产权侵权风险、应用推广可行性风险、市场竞争风险、政策风险、团队风险等。

（1）技术风险

技术风险主要包括技术不足风险、技术开发风险、技术保护风险、技术使用风险、技术取得和转让风险。处于不同转化阶段的科技成果，其技术风险的表现形式和权重存在一定差异，具体表现为：一是技术不成熟。一项未经过中试放大试验的新产品、新技术能否达到市场的预期水平，在转化前是难以确定的，许多科技成果往往因为技术不成熟而影响转化。二是产品化过程的不确定性。在产品化、商品化过程中也有着难以预知的风险，在科技成果转化过程中暴露出来的技术问题有时比研究开发过程中存在的技术问题更难以解决。三是技术寿命的不确定性。因为产品的升级换代周期短，所以极易被更新的技术替代，当更新的技术比预期提前出现时，原有技术将被提前淘汰。

（2）知识产权侵权风险

知识产权侵权风险主要表现在：一是知识产权本身的风险，如存在专利非行业核心技术专利，专利中发明专利数量少，缺少PCT专利，专利与核心技术相关性较低以及专利对技术的保护不足等问题。二是知识产权侵权的风险，科技成果由于信息不对称引致知识产权问题。

（3）应用推广可行性风险

新技术在诞生之初都是不完善的，主要表现为目标产品的质量、速度、可靠性及成本等方面指标存在不足。这些技术性能指标问题直接影响新技术的应用前景和目标产品的使用寿命，是技术风险的一个重要方面。同时，科技成果的转化往往需要其他相关技术或工艺过程的支持，比如可能需要使用新的技术、工具和程序，也可能需要使用协调一致的互补技术。企业是否拥有必要的配套技术将新技术成功整合到现有系统中，也是影响科技成果转化的一个关键因素。

（4）市场竞争风险

市场竞争风险是指新产品、新技术的可行性与市场不匹配而引起的风险。主要表现在：一是市场接受能力难以确定。用户因不了解新产品或新技术的性能往往持怀疑、观望的态度，就难以对市场是否接受该成果以及有多大市场容量做出准确的估计。二是市场接受时间难以确定。新产品、新技术的推出时间与诱导出需求有一定间隔期，间隔期过长容易导致开发资金难以回收，导致资金投入加大的风险。三是竞争能力难以确定。新产品、新技术进入市场，如果成本过高将影响其竞争力，如果缺乏较强的市场开拓能力，其市场占有率也会存在较大风险。

（5）政策风险

政策风险主要表现在国家政治、经济环境风险和国家政策、法规环境风险，主要包括：一是科技成果与国家政策、法律法规等的符合程度；二是是否符合国家战略发展；三是是否符合国家支持发展行业领域；四是是否对生态环境产生不利影响；五是国家经济政策变动引起的政策风险。

（6）团队风险

团队风险贯穿科技成果评估的各个阶段，主要包括由于团队的研发创新能力不足带来的后续研发风险、团队管理层决策失误而带来的决策风险、团队结构不合理所带来的组织风险、团队管理原因导致人才流失的人力资源风险和团队行业经验的不足导致的成果产业化风险等。

四、科技成果评估流程与方法

（一）科技成果评估流程

评估活动需要经历评估方案策划、信息收集、专家咨询、调研分析、综合评估、形成报告以及审核交付报告等过程。

实际评估过程中，面临不同的情况时，可根据实际需要做相应调整。比如，实地调研可以在分项评估之前开展，评估方案可以在评估过程中修订，等等。

1. 评估准备阶段

（1）受理申请

受理申请主要包括两大工作任务，一是采集被评科技成果信息，二是签订评估合同。

被评科技成果信息的采集对科技评估过程与结论影响巨大。只有充分、真实、有效地了解科技成果的当前状况（以评估基准日计），才有后续评估的客观、公正、科学、专业与可信。科技成果可以利用一些图表，如科技成果工作分解结构表（成果WBS表）、科技成果技术价值增加表（成果TVA表）、科技成果对标分析表等阐述成果的具体信息，可以起到重点突出、一目了然的效果。对于科技成果的重要信息，应提供必要的证明材料，如资质证明、检测报告、查新报告、审计报告、销售记录、客户应用证明材料等的复印件、扫描件、图片等。

签订评估合同前，首先应确保评估相关要求已得到确定，如评估目的、评估依据、评估范围、评估时限、评估方式、评估费用及付款方式、评估报告的交付形式与数量等。其次，要保证有能力满足合同要求，包括人员能力、客观条件、交付时间等。

（2）制定评估方案

根据委托方的要求、被评科技成果特点和客观条件等，应组织制定一套合适的评估方案。评估方案一般包括评估目的、评估原则与依据、评估内容及方法、评估流程及进度安排、组织实施、评估产出等。

有时，由于初期对被评科技成果认知不深，某些计划性的内容无法在短时间内完全确定，评估人员可以在后续的评估过程中增补、调整评估方案。如增加咨询专家、增加现场调研、调整评估人员、调整评估形式等。对于这种增补与调整，评估活动应能保证不会影响满足法律法规和委托方要求（包括合同要求），否则，应及时与委托方沟通，协商处理，并保持记录。

评估负责人应确保将评估方案确定的内容及时通知到相关人员，如评估人员、咨询专家、需要接受询问的成果完成方代表等。

2. 评估实施阶段

（1）收集信息

评估人员应根据评估要求，收集被评科技成果国内外类似技术发展现状、应用推广情况、市场情况、政策法规、知识产权保护、团队信息等相关信息，以尽量全面、准确地了解成果在相关行业的创新度、先进度、科学性、复杂性、风险及存在的问题，同时了解成果的应用价值与市场发展前景。

信息来源包括但不限于：行业协会、行业情报机构、行业管理机构、行业刊物、行业网站、相关政府等带有鲜明行业特点的组织或媒体；知识产权网站、门户网站、搜索引擎等互联网；自建的行业信息库，包括以往类似科技成果评估的经验积累；委托方或成果方；外部专家；用户或潜在用户；其他相关方，如股东、上级单位、供应商等。

（2）组建咨询专家组

评估人员应根据科技成果特点和评估要求组建咨询专家组，协助完成科技成果评估工作。咨询专家组一般应包含技术、管理、产业等领域的专家，必要时，可包括投融资、法律等领域的专家。根据实际评估要求，组建的咨询专家组的组织形态可以比较紧密，如共同参与评估会议、选举专家组长等；也可以比较松散，如单独为评估人员或评估项目组提供咨询意见等。

咨询专家的专业与数量没有明确限制，原则上应该以能收集到足够支撑评估结论的信息、满足评估要求（包括客观公正性）为基本要求。如果收集到的信息不足以满足评估要求，则可增加咨询专家，以进一步获取相关信息。咨询专家的选择应考虑以下几点。

①专家的专业知识与经验（职称、职务、教育培训与工作经历、业绩、专利、论文与著作、荣誉与获奖情况等）。

②专家的分布与搭配（专业方向、工作单位性质、工作性质、所处区域、年龄等），特别应考虑来自能代表成果使用方的专家。

③专家以往的评估经验及效果（咨询意见质量、咨询态度、成本等）。

（3）分项评估

评估人员应以依据评估要求与准则，以成果方提供的材料和自行收集的信息为基础，结合咨询专家的意见，对评估方案中确定的各项内容分别进行评估，形成分项评估结论。

在分项评估的任务分配中，宜考虑各评估人员的教育经历、工作经历与特长，如对技术水平、经济价值、知识产权、团队等的评估，可分别选择有行业技术、财务、知识产权、管理等方面背景的评估人员。

（4）实地调研（必要时）

根据评估工作的需要，评估人员可与委托方协调，开展实地调研。调研内容一般包括但不限于评估组与被评对象核实确认存在疑虑的问题及信息，实地查看验证科技成果的生产条件及实际进展，实地查验委托方出于保密考虑无法提供的证明材料等。

实地调研可以在评估活动的多个阶段开展，既可在评估协议签订之前进行（协议签订前先了解情况），也可在评估会议之后进行（现场验证）；可由评估人员实施，也可委托咨询专家实施，或者评估人员与咨询专家共同实施。现场调研后，评估人员宜保留相关证据与记录（因保密需要而无法提供的除外）。

3. 评估报告

（1）形成评估报告

评估报告是科技成果评估活动的结果，是提供给委托方的产品。评估项目组可综合各方意见，分析阐述科技成果各项评估内容，形成综合评估结论，必要时，邀请咨询专家协助，共同形成评估报告。

评估报告通常由封面、目录、正文、附件等组成，报告正文一般包括评估活动说明、科技成果概述、分项评估结论、综合评估结论及风险提示，附件中一般包括评估人员及咨询专家名单、科技成果信息采集报告、专家意见摘要、内部审查意见、检测报告、专利证书、销售记录等材料证明文件。

评估报告应尽量保证结论科学准确、描述合理清晰、重要信息可靠、文本结构合理、可提供增值服务等。

（2）审核及交付报告

为了验证评估的符合性，保证报告的质量，评估机构应安排对报告进行审核。审核完毕后，应根据合同约定等客户要求的时间和方式交付报告。

（二）科技成果评估方法

1. 同行评议法

同行评议法为由从事相同或相近研究领域的专家来判断成果的价值，为科技成果评估中应用最多且历史最悠久的方法。而且由于同行评议属于一种定性方法，所以操作较为简单，且评估结果易于使用。但同行评议法同时存在一些缺陷和不足，主要表现为评估的实质是专家主观判断，主观性较强，且评估结论不具有可重复性和可检验性。因此，为更好地从应用性角度评估科技成果，在选择专家的时候可以选取成果的用户方专家，对成果的实际使用情况做出判断。

2. 标准化评价法

科技成果标准化评价法的定义为根据相关评价标准、规定、方法和专家的咨询意见，由评估方根据科技成果评价原始材料，通过建立工作分解结构细分化地对每个工作分解单元的相关指标进行等级评定，并得出标准化评价结果的方法。

标准化评价方法的特点是将专家作用前置，由专家根据科技成果的共性特点，明确评价的相关指标及所需的证明材料，建立一系列评价标准。在评价具体科技成果时，科技成果评估方根据证明材料及相关数据，对比标准规定的等级或数值确定最终的评价结论。在标准化评价中常见的指标有技术成熟度（又称为技术就绪水平）、技术创新度和技术先进度等。

在标准化评价中，专家的作用由专家评审制转变为专家咨询制，即咨询专家在评价具体科技成果时，主要负责提供专业咨询，以及确认标准中不能涵盖的信息。专家需在标准要求的基础上提供专业的咨询。

标准化评价法的优点是评价结果是以证明材料为支撑的，可信度较高；同时，标准化评价指标等级的设计都与科技成果的本质特征密切相关，在科技成果转化中具有实际参考意义。标准化评价法的缺点是建立相关的评价标准需要较长的周期，可客观评价的指标相对较少，需要评估方具备一定的评估专业能力。

3. 知识产权分析评议法

知识产权分析评议法为考虑影响知识产权价值的各种因素，对科技成果的知识产权价值进行评估的方法。知识产权分析评议法首先需明确知识产权评估的目的，鉴定知识产权的权属及类型，如分析专利布局质量、专利不可规避性、依赖性、侵权可判定性及时效性等，并最终确定该成果的知识产权价值。

4. 无形资产评估相关方法

（1）收益法

已批准的专利、商标与商誉、版权的评估主要都是采用收益法。收益法评估基于一项财产的具体价值，主要取决于在未来这一财产拥有者经济利益的现值。

（2）市场法

市场法是以现有的价格作为价格评定的基准，通过对市场的调研，一般选择几个或者更多的被评估的资产作为被交易的资产参照，把待评估的资产与之相对比，同时也要适当地对价格进行浮动调整。

（3）成本法

成本法是以重新建造或购置与被评估资产具有相同用途和功效的资产现时需要的成本作为计价标准，根据不同的评估依据可将其分为复原重置成本法和更新重置成本法两种。简言之，该法是为创造财产而实际产生的费用的总和，其主要是用来评估不产生收益的构成企业组成部分的机器设备及不动产。

第二节 科技成果的转化方式

一、科技成果转化的具体方式

（一）自行实施转化

自行实施转化是由科技成果所有者运用自身资源和能力，对其拥有的科技成果，开展持续研发、产品化、商品化等市场化的科技成果转化活动。自主实施转化具有如下特点：科技成果的所有者与转化实施者相重合，不发生知识产权的权利转移；成果所有者自行承担转化的风险；成果所有者获得全部转化收益，独享后续开发成果的所有权。

通常来说，高校和科研院所以人才培养、科学研究、社会服务等职能为主，其科学研究偏重于基础前沿，应用研究则处于成果转化的前期，这就导致其科技成果转化的产品化、商品化和市场化条件较差，甚至不具备条件，自行实施转化较少涉及。另一方面，作为科技成果完成人的科研人员，因其不享有职务科技成果的所有权，自行实施转化受到权利关系的制约。因此，自行实施转化通常以企业为主。

在当前我国中小企业创新能力尚需提高的前提下，自行实施转化一般以大型企业居多，较大规模的企业拥有较强的持续研发、中间试验、产品应用、市场推广等方面能力，其在自行实施转化上也拥有较强的实力。当然，对于前沿科技类项目的研发和转化，大型企业也需要借助一流水平高校、科研院所的科研力量和创新资源。尽管部分科技型中小企业也有自行实施转化的案例，因资金、生产规模等方面实力与大型企业有明显差距，因而采用合作转化并申请财政资助的情况较为常见。

(二)科技成果转让

科技成果转让是指科技成果所有人将科技成果（大多为知识产权）转让给科技成果受让人的活动。成果转让具有如下特点：转让方收取费用，但不与科技成果转化的效果直接关联；成果未来收益与风险通过转让合同全部转移；受让方通常取得的是知识产权所有权，对优化企业市场竞争格局有一定作用；受让方一次投入的转让费用较低，但后续研发成本会有较大支出等。

如前所述，高校和科研院所作为成果转化的重要主体，有较强的科研力量和创新人才资源，但在成果的后续开发、中间试验、市场推广等方面存在"先天不足"。因此，科技成果转让方式一般发生在高校、科研院所和企业之间，从而形成高校、科研院所的研究开发与企业的生产经营的优势互补效应。根据《中华人民共和国民法典》的相关规定，科技成果转让活动需要签署书面合同，对转让标的、价款、资料交付等权利义务作出约定。

(三)科技成果许可

科技成果许可是指科技成果所有人通过与被许可人订立技术许可合同，授予被许可人实施科技成果的权利，由被许可人开展科技成果转化的活动。科技成果许可方式是国外普遍采用的技术转移方式，其特点如下：不转移科技成果的所有权，被许可人只获得使用权；当科技成果中的专利权被宣告无效，被许可人受到的损失相对较小；许可形式有多种类别，可供灵活选择。

根据被许可人获得的科技成果使用权的大小及使用范围，科技成果许可类别有：①独占许可，是指被许可人在约定的时间和地域范围内，对科技成果的实施完全独自占有科技成果使用权，包括许可人在内的他人均被排除在外；②排他许可，是指许可人允许被许可人在约定的时间和区域范围内独家实施其科技成果，不再许可任何其他第三人使用，但许可人保留实施该成果的权利；③普通许可，是指许可人允许被许可人在约定时间和区域范围内使用科技成果，同时保留自行使用该科技成果的权利，并可以允许除被许可人以外的他人实施；④交叉许可，是指许可人和被许可人双方将各自拥有的科技成果使用权相互许可使用，互为技术许可人和被许可人。

科技成果许可活动中被许可的科技成果，其权限可以在合同中具体约定，包括成果的使用权、产品生产权和销售权。从被许可人的权利大小来看，独占许可、排他许可和普通许可的层级是递减的。许可的时间和地域范围也需要重点关注。与科技成果转让方式相比，许可方式的选择余地大，成本可控，在成果转化领域容易达成交易共识，是市场竞争中经常运用的重要手段。

（四）合作实施转化

合作实施转化是指科技成果所有人以科技成果为合作条件，采取多种形式与他人合作，完成科技成果商品化的活动。它是供求双方各自发挥其研究开发、产业应用优势形成良好互补，实现收益共享、风险共担的转化方式。合作实施转化的特点为：有利于发挥研发机构和企业在科研能力、市场开发能力上的互补作用；聚合多方资源，形成风险分担机制，降低成果转化的市场风险与技术风险。

合作实施转化主要适用的情况有：①科技成果自身转化价值较高，但需要高额的转化投入，通过寻求实力合作伙伴共同实施转化的成功可能性更高；②科技成果在技术创新上比较超前，但转化活动在法律、政策、市场、产业配套等多方面存在较大的不确定性和风险，需要通过寻求合作转化分散风险，提高成功概率；③成果的技术成熟度不高，需要在对口产业领域寻求合作企业，协同提高技术成熟度，促进成果转化；④产品在技术上有一定成熟度，但工艺不成熟，需要借助企业力量完善工艺，降低成本，提高产品质量和性价比。

由于合作实施转化涉及各方主体的权利义务关系和利益分配关系比较复杂，并交叉了法律、管理、体制、政策等各种要素，在合作达成上有一定难度。通常在专业化中介服务机构介入，并提供综合性服务的前提下，对促成合作更为有利。尤其需要注意的是，合作实施转化合同要明确包括风险分担和利益分成在内的权利和义务。

（五）科技成果作价投资

科技成果作价投资是指将科技成果确定价格以资本形式投入企业，取得企业股份的转化方式，其实质是科技成果从技术要素转变为资本要素的过程。科技成果作价投资有利于使科技成果供求双方形成更紧密的利益共同体，共享利益，共担风险，共同推进科技成果转化。尤其重要的是，通过作价投资可以将科研人员通过股份权益进行利益"捆绑"，有利于激发科研人员的积极性。

科技成果作价投资转化方式的特点有：①融科技成果开发、实施、转化为一体，有利于新技术、新工艺、新材料、新产品的产业化形成全链条的"闭环运作"；②以利益共享机制与企业经营管理、社会资本相结合，促进科学研究的长远发展；③通过风险共担机制，使成果拥有方与投资方"捆绑"在一起，降低成果转化的失败风险，提高科技成果转化成功率；④涉及法律、投资、工程、工商、管理等专业问题较多，实施程序也比较复杂。通常来说，适合作价投资方式转化的科技成果包括技术成熟度较高的成果、具有较大潜在市场价值的突破性原创技术、填补行业空白的实用化技术、需要培育市场的技术等。

二、选择转化方式的参考因素

科技成果转化的方式选择需要考虑的因素有很多，包括技术、资金、机制、人员、市场、政策等。以下重点介绍技术成熟度、后续研发难度、市场成熟度、资金投入强度、后续成果归属与产业化风险性等六种因素。

（一）技术成熟度

技术成熟度是指科技成果服务实际生产的发展阶段，其具体分为九级。对于技术成熟度1～3级的技术，因其尚处于概念想法、方案报告、功能分析等理论研究阶段，需要经过后续验证、中试、规模生产等的研究开发，与成果转化方案设计有或远或近的距离，在成果转化的方案设计上通常考虑采用合作研发、技术咨询等方式，较少进行技术转让或许可。对于技术成熟度4～6级的技术，其经过仿真验证、部件环境验证、系统样机演示等实验室的应用研究，有可能成为生产经营的产品或服务，一般倾向于选择科技成果的转让、许可、合作实施等方式，也是部分种子投资、风险投资机构与技术拥有方作价投资成立企业的对象。对于技术成熟度7～9级的技术，其处于成熟度较高的工业化生产前端，成果转化对资金、市场和人员等的需求量较大，是技术交易市场中最受欢迎的成果转化对象，可以综合选择转化方式。当然，成果转化方式的选择不能一概而论，采用何种转化方式，最终还需要供需双方根据具体情况协商确定。

（二）后续研发难度

科技成果与普通商品有较大的差异，根据现有成果所处阶段及其自身特点，往往需要后续的研究开发，其难易程度是决定成果转化方案设计的关键因素。后续研发难度通常要对技术成熟度等级和科技成果的具体类型进行判断。就技术成熟度来说，其等级固然可以作为参考，但后续研发难度系数往往难以计算。以科技成果的初级形态概念和新想法为例，它往往是科研人员基于经验而产生的一种知识性成果，这就需要后续的实验室验证、中间试验、样品制备、小规模试验，直到产生符合市场需求的商品，该种成果的后续研究开发难度系数较难计算。就科技成果的类型来说，不同类型科技成果所需要的后续研发条件千差万别，有的可能只需要运算、设计等人力资源，有的可能需要价值较高的大型装备，有的可能需要后续的医疗器械注册证等行政许可，因此，不同类型科技成果的后续研究开发难度，需要在科研人员深度参与的基础上进行判断。这就需要科技成果转化的实际承担者，在考量各种因素的前提下，根据不同情况进行判断，其中后续开发难度系数较大和后续研发过程较长的成果，可以采用合作研发、合作实施、作价投资等方式转化，反之则可以以转让、许可等方式进行转化设计。

（三）市场成熟度

科技成果转化风险大小的判断，与其未来所形成产品（服务）的市场成熟度紧密相关，市场成熟度低则不确定的风险高。特别是以最终产品为创新方向的技术研发成果，其新产品目标市场的成熟程度是影响转化方式选择的重要因素。如果新产品面对的是一个不够成熟的市场，甚至是一个新萌芽的市场，那么市场培育将是一项非常艰巨、充满不确定性和耗时比较长的系统工程，需要综合技术优化、用户培育、品牌培育、渠道开拓、营销模式探索、应用生态培育等要素的漫长过程。因此，需要根据不同的市场成熟度选择不同的转化方式。

（四）资金投入强度

科技成果转化具有复杂性和漫长性的特点，需要根据具体情况提供一定数量的资金支撑。科技成果转化的具体方式，与资金投入强度大小有较大关联性，因此，不同类型的企业需要根据其资金承担能力选择科技成果转化的具体方式。通常来说，具备研发条件的大型企业（如上市公司）往往资金实力雄厚，采用作价投资进行持续研发和转化的情况较多。对于中小科技型企业来说，由于资金条件有限，采取技术转让、许可方式，而后与高校或科研院所合作研发，争取各类财政资金支持，进行后续的产业化活动，是更加合理的选项。当然，科技型中小企业也可以通过逐步释放股权方式，引入风险投资，支持科技成果转化活动。

(五) 后续成果归属

后续研发成果归属也与转化方式选择有关。在科技成果转化实施过程中，如果要进行后续的研究开发，以开发出具有符合市场特点的商品或服务，除对科技成果转化的经费做出合理安排之外，对后续的科技成果做出有效的归属安排就显得十分重要。尤其对于通过转让、许可、作价投资等方式从他人处获得科技成果，在合作合同中对后续转化成果归属做出约定，对科技成果获得者来说具有通过技术垄断获取竞争优势的意义。一般来说，后续研究开发所取得的成果所有权归属可以通过协议进行约定，并根据约定进行知识产权的申请和确认。在选择转化方式时，综合合作方对后续成果归属的要求是科技成果转化合作各方需要考虑的重要因素。

(六) 产业化风险

市场培育和开发过程充满各种变数，从概念想法到市场产品的任何阶段，都可能存在反复试错甚至失败的情形。即便形成稳定的产品，也可能因难以被消费者接受，导致企业无法实现收益。当然，产业化的风险与收益往往呈正比例关系，基于市场前瞻性的科学研究，往往立足于国际前沿、国内空白、国内一流等技术的创新性，其形成的应用性成果当然也可能具有非常大的潜在市场，预期收益也往往较高，也正因为收益预期较高，潜在风险也往往较大。因此，科技成果转化方式的选择，需要考虑风险与收益的关系，在此基础上形成相对完善的转化方案和转化方式。一般来说，面临较大市场培育压力的科技成果转化输出主体，为了分散转化项目风险和压力，比较适宜选择寻求合作实施成果转化的可行途径和适合模式。

除影响转化方式选择的各种影响因素之外，科技成果转化实施方对于技术配套程度、政策契合度、产业转型升级等经济社会影响因素要进行综合考虑，慎重选择具体的科技成果转化方式。

第三节 科技成果转化的流程

一、自行实施的转化流程

科技成果转化的最终目标是项目经过培育孵化，经历从科技成果的产品化、商品化，起到影响、改变甚至形成产业的过程。企业是科技成果转化的主体，其基于某种应用性需求，在某一科技成果基础上进行以进一步与市场应用为目的的研究开发活动，是科技成果转化的具体行为表现。因此，企业的科技成果转化活动体现了"转化"或"商品化"的本质，其实施流程可能体现成果转化的"全链条"属性。相对而言，高校、科研院所偏重于基础研究，较少有应用型成果能开展中间试验。在创新主体利用科技成果开展后续研发、中间试验、产品化、商品化的过程中，从科技成果演变为具有市场应用属性的产品，起到至关重要的作用，是科技成果转化的核心阶段。由于高校、科研院所的科技成果转化活动较少能够涉及产品化阶段，我们参照国外企业技术创新过程中的有益做法，提出企业需求拉动转化的模式。

（一）产品探索和发现

在需求拉动研发的前提下，企业需要对市场现有和未来的产品需求进行研究，采用用户场景模拟，发现潜在的消费者并进行验证，开展实地调查，模拟用户的需求、挫折、受阻的真实场景，从而分析哪一类、哪一种产品是用户的真实需求。在此基础上，要聚集相关领域的技术专家、市场专家、投资专家等，讨论成果的技术可行性，最终确定研究开发的方向。

（二）未知市场的挖掘

企业可通过创新技术或市场实现新的市场突破，发现新的未知市场空间，才能保持持续盈利，带给消费者更多、更新鲜的体验和享受，这是科技成果转化的精髓。因此，科研人员要与技术相关市场、投资、经济结合起来，指导产品生产活动，以挖掘未知市场空间：①根据市场情况分析，采用专利检索、专利分析手段，找到未覆盖的专利方向，进行专利布局；②将现有市场大类目细分为小市场，找到科技成果在细分领域的未知市场空间；③根据国家或区域经济发展需求和顶层设计，分析未来大的发展领域。

（三）产品原型的构建

产品原型的构建是技术和产品创新的综合，要经历以下过程：①原型创造，通过"纸上谈兵"方式绘制线框图，指导原型绘制成型；②创设产品概念，针对产品研究的结果，结合用户实际需求开展产品概念分析、论证和设计；③桌面模拟实验，通过纸面或计算机对产品原型进行初步实验，验证原型的可行性；④原型试验推演，对需要试验的产品原型，开展实验室的进一步试验和验证；⑤方案快速替代，经历反复验证、修改的原型，采用新的方案进一步替代原有方案；⑥用户市场验证，反复迭代形成"初级产品"，选择试验用途，经过市场中用户初步体验；⑦可行产品产生，用最小规模的产量，生产可行产品。

（四）持续开发管理

仅有原型产品，谈不上成为真正的商品，商品化的过程尚需科研人员持续进行开发和管理：①原型聚焦市场，最小规模的产品经过最初用户的反复体验之后，继续向消费者扩大验证范围，对准最大规模的市场持续拓展；②知识转移和头脑风暴，在持续研发过程中，需要采用知识性转移方式，结合头脑风暴法形成研究开发的初始产品序列；③代码构建和扩容，将产品序列采用代码方式编号处理，逐渐扩容构建，形成新的标准，交付生产者进行生产；④生产进度跟踪，密切关注生产进度，探索发现新的问题，不断改进升级。其与通常研究开发活动的区别为：获取具有市场价值的多个模型，持续不断寻找合作伙伴进行知识、合作和商业模式的更新。

企业需求拉动转化模式和流程，基于市场需求和用户验证的流程设计，有利于避免科技成果转化过程的闭门造车，对于企业的科技成果转化具有一定的借鉴意义。

二、转让、许可的转化流程

（一）科研人员发明披露

十几年来，国内专业化的技术转移机构建设取得了较大成效。在技术转移机构参与转让、许可活动的前提下，科研人员通常需要向技术转移机构披露科技成果的研发进展、市场预测、融资需求等技术推广信息。技术转移机构通常采取专业化的手段，开展知识产权的深度分析、产业技术分析、商业模式设计、投融资可行性分析等活动，进而广泛征集技术需求方。

（二）科技成果推介

科技成果转化方案制定以后，应当向需求端进行科技成果的推介，选择合适的意向单位，进行转化相关事宜的沟通协调。目前，科技成果主要的推介方式有高校与科研院所科技成果汇编发布、公共科技成果对接平台披露、重点项目推介会举办、重点项目路演、与相关行业企业直接对接、通过经验丰富的第三方机构推介等。

（三）转化方式及其选择

许可指科技成果所有人或其授权人许可他人在一定期限、一定地区、以一定方式实施其所拥有的科技成果，并向他人收取使用费用。转让是指科技成果由一方转让给另一方的转化方式。许可仅转让科技成果的使用权，转让方仍拥有科技成果的所有权，受让方只获得了科技成果实施的权利，并非拥有专利所有权。科技成果的转化是采取转让还是许可的方式，要根据科技成果的特点和意向单位的需求确定。

（四）合同条款谈判

根据上述校企双方达成的初步合作意向，进行转化合同条款的详细谈判，明确规定双方的责任与义务，明确转化方式、转化合同金额、科技成果所有权的归属等。

（五）内部审批及签约

相关负责人应按照各高校、科研院所的要求在内部提交转化申请，完成内部审批。校企双方法务对合同内容进行确认，并完成合同签字/盖章。

（六）科技成果转化收入及其核算

校企双方按照签订合同履约，高校或科研院所获得现金收入。国家设立的研究开发机构、高等院校转化科技成果所获得的收入全部留归本单位，在对完成、转化职务科技成果做出重要贡献的人员给予奖励和报酬后，主要用于科学技术研究开发与成果转化等相关工作。

（七）科技成果的产品生产

科技成果转化是创新能力的实质体现，其具有实效性，只有快速将中间试验的产品以合理的成本生产出来，通过市场消费者的适应过程，才能获取领先的竞争优势。根据是否由企业自身完成产品生产制造，科技成果的产品生产分为外包试制和自产试验。科技成果在正式作为商品投放市场之前，从降低成本的角度考虑，可以从优化供应链上下游的角度，利用专业化分工，通过与长久稳定生产制造商的合作生产产品，获得成本和效率适度平衡。而企业在具备产品生产能力的前提下，可以进行自产实验，发挥工业设计、硬件配置、系统优化等方面的优势，利用自己硬件设计及制造经验、成熟生产线工艺流程，在自己的产品生产线上，为用户打造稳定的产品。

（八）产品的商品化

科技成果从产品到商品的过程中，由核心能力、顾客价值、客户关系、赢利能力、价值实现等价值模型所形成的商业模式至关重要。可以说，商品化的过程就是商业模式的设计和实践过程。创新产品的商业模式设计是以客户为基础的价值实现活动，是指与客户相关的影响商业模式价值创造的组成部分，包括目标客户、价值主张、营销渠道和客户关系四个基本要素，同时还应协调商业化资源配置，研究盈利模式，加强计划落地的执行能力。

三、科技成果作价投资的转化流程

（一）投资决策审批流程

1. 合作意向达成

高校和科研院所作为技术持有方和货币投资方洽谈合作协议，签署《投资意向书》，约定技术入股的各方权利和义务，成立股份有限公司或有限责任公司。合作协议的内容应包括股份结构、出资方式、出资时间、成果标的、定价方式、股份奖励、董监事委派、破产清算、违约责任等。

2. 内部转化审核

团队依照其所在高校或科研院所科技成果转化相关制度，向高校或科研院所科技成果转化部门提交拟作价投资方案，由高校或科研院所科技成果转化部门进行审核。高校或科研院所法务部门对拟作价投资合同进行合法、合规审核。

3. 投资决策审批

高校、科研院所依照决策程序对拟作价投资方案进行决策审批。

4. 成果评估定价

团队所提交的作价投资方案中，应重点向高校或科研院所科技成果转化管理部门披露科技成果的法律状态、技术先进性、成果市场性、参与人员等信息，作为作价投资项目的评估定价依据。

（二）工商注册登记

1. 制定公司章程

合作各方主体共同制定公司章程，对公司的形式、经营场所、股份结构等作出约定。

2. 核定公司名称

股份合作各方主体共同协商确定公司名称。

3. 提交注册资料

通过委派董事监事、确定法定代表人等提交注册资料，办理工商登记手续。

4. 领取营业执照

待相关部门完成工商登记手续的审批后，领取营业执照。

（三）科技企业的培育和孵化

若高校、科研院所不选择技术股份的适时退出，那么就需要将作价投资的企业进行培育和孵化。就企业培育和孵化而言，不同主体的理念、方式和流程差别较大。本部分结合生命周期理论、科技成果的特点和企业发展规律进行分析。

1. 初创企业培育

在科技成果作价投资的过程中，无论是资本化、资产化，都会出现工商、法律、财税、国资等各种专业事务。地方政府、企业孵化器、大学科技园等单位或载体通常为初创企业提供物理空间、公司注册、法律事务、技术转移、财税管理等专业化的服务，实现"从0到1"的初创企业培育过程。

2. 小微企业成长

初创企业对于科技成果的持续研发、中间试验、产品试制、规模生产等活动，均需要一系列工程化的社会环境，其中原始资本（种子投资）的投入至关重要。在科技成果转化尚未形成稳定体系，社会投资偏好于成熟项目的前提下，政府通过科技成果转化引导基金，吸引社会资本进入科技创新领域，转向科技成果前端投资，进而通过大学科技园、创业孵化器等专业化的培育孵化机构，促进小微科技企业实现"从1到10"的成长。

3. 政府资助性服务

国家和地方在创新产品（首台套）、政府创业基金、人才引进支持等方面出台一系列科技创新政策用于支撑科创企业的培育和发展。当小微企业科技成果转化活动达到一定程度时，通过专业化的科技服务中介机构，从不同途径获得政府财政资助，寻求创新支持，是企业获得外源资金的重要手段。

4.商业资本引入

公司成长壮大需要持续的资金支持，职业管理团队需要结合公司发展进程，不断与风险投资商、战略投资者接触谈判，持续融入资金。当公司发展到一定程度，可通过股份制改造登陆资本市场，开展大规模融资活动，为公司谋取更长远的发展。

（四）技术股份适时退出

对于高校和科研院所来说，公司发展壮大到一定程度，可以按照事先约定的条件、程序和时间，退出公司股份。股份退出的渠道有很多种，一般采用公司管理层回购、上市后在股份锁定期之后抛售股票等方式退出。如果公司经营业绩过差，在经过一定时间的经营后，可采取清算的办法退出公司经营活动。

四、合作实施转化方式的流程

合作实施转化涉及各方主体的权利义务关系和利益分配关系比较复杂，并交叉了法律、管理、体制、政策等"条块"矛盾，在合作达成上有一定难度，通常需要专业化的中介服务机构介入。科技服务中介机构在科技成果转化过程中起到重要的桥梁和纽带作用，其职业化、专业化的服务能力有助于提高科技成果转化的成功率。在科技成果转化交易的供需匹配上，中介服务机构"嵌入式"交易增值效果具体流程如下。

（一）委托交易

通过签订中介服务合同，中介服务机构与高校、科研院所、企业、成果完成人等形成交易委托关系。其服务合同通常包括成果分析、服务形式、质量标准、费用情况等，工作重点主要是在市场交易主体中进行技术供应、技术需求匹配和对接，通过撮合达成交易协议。

（二）知识产权判断

服务方对委托方的知识产权进行审核，理清科技成果的知识产权权属关系、法律状态和可转化性。如果委托技术尚未申请知识产权，可依据技术秘密相关法律规定进行判断，协助委托方开展专利检索、分析和布局策略。知识产权有多种类型，彼此间差异较大，因此要区别情况。①申请的知识产权类型：发明创造符合申请专利的，应当按照《中华人民共和国专利法》及其实施细则的规定，向国家专利局提出专利申请；是计算机软件且符合《计算机软件保护条例》规定条件的，应当向计算机软件登记机构申请办理计算机软件登记；是植物新品种且符合《中华人民共和国植物新品种保护条例》规定条件的，应当向国务院农业、林业部门申请植物新品种权；是集成电路布图设计且符合《集成电路布图设计保护条例》规定条件的，应向国务院知识产权行政部门办理登记。上述各种知识产权，虽然彼此之间差异较大，但都有各自的条件和侧重点，也都有各自的局限性。例如，计算机软件著作权主要保护文档和程序，但对该软件的技术方案却不保护。而技术方案却是该软件的灵魂，是核心。对于技术方案，应当申请发明专利。②组合保护：一项发明创造，也许同时符合两种或两种以上的知识产权，则可以根据各自的要求分别提出申请。因此，可以采取若干类型的知识产权组合方式，合力保护一项技术水平高、商业价值大的发明创造。

（三）科技成果评价

科技成果评价是成果转化顺利推进的基础，国外研发机构一般在技术申请专利前进行评估，需确认技术水平、技术市场规模前景、依托的项目来源、技术对配套产业依存度、是否存在替代技术、竞争对手情况、技术所属行业发展趋势、技术市场占有率等，从而决定是否进行知识产权保护。技术转移服务机构在为委托方制定技术转移方案时，可视其必要安排技术评价。

（四）商业模式设计

如同普通商品交易的商业模式一样，科技成果转化商业化同样需要根据委托内容进行模式设计。中介服务机构在对科技成果转化所涉及的知识产权、技术成熟度等要素分析的基础上，设计合理的商业模式，有利于针对性地开展技术推广活动。科技成果转化的商业模式设计通常包括知识产权分析和技术水平判断，前者通过专利检索和分析，理清科技成果的知识产权权属关系、法律状态和可转化性，后者在确认技术成熟度、技术先进性、技术市场前景等的基础上展开匹配。合理的商业模式是供需双方进行产品化、市场化、产业化的具体方案，有助于为转化决策提供完备的信息支撑。

（五）科技成果推广

技术推广活动有利于促进交易的达成，具有十分重要的作用。技术中介服务机构通常采用现场线下活动进行技术推广，比如参加各类专题展会、行业峰会、交易会、博览会、对接会、洽谈会、难题招标会、研讨会等，从中寻找合理的推广机会。在大数据环境下的技术交易市场中，在线推广和交易成为经常采用的方式，通过不同的平台、栏目、窗口进行滚动推介、专栏推介、智能推送、专业引擎搜索等。在此过程中，由于技术领域的不同和专业复杂性，委托方技术人员现场参与并接受咨询十分重要，同时，也可在市场调研和深入沟通的基础上不断修正原定商业模式。

（六）供需匹配

供需匹配是科技成果交易的前置工作，中介服务机构在技术或知识产权分析之后，开展需求的征集和匹配。大数据时代的供需匹配，通常通过在线方式征集和匹配有成果交易需求的企业。在线上需求征集是采用开放式的需求征集、专业沟通筛选、难题发布等相结合的方式来征集技术需求方。实力较强的中介服务机构通过建设精准化筛选、分行业和类别、动态更新的技术供给库和需求库，接受委托后，运用数据库技术在需求库中进行智能搜索和匹配。

（七）供需双方对接

基于科技成果转化的技术交易与普通商品交易的重要区别，技术需求方往往需要与技术供应方反复磋商，在充分交流的基础上达成合作协议。中介服务机构在对供需双方均有充分了解的基础上，以牵线搭桥的"红娘"身份，为意向技术供应方和需求方提供交易信息和现场见面机会，实现价格磋商，达成交流合作意向。

（八）转化交易达成

科技成果供需双方通过中介服务机构，经多次洽谈、谈判、沟通，明确双方权利和义务，确认合作合同内容，完成科技成果转化交易活动。中介服务机构在交易完成之后按照约定的数额或比例获得服务费。

第四节　转化方式和流程需关注的因素

一、中间试验

根据研究开发的过程，科技成果可分为理论研究成果、应用研究阶段成果、工业化生产成果。理论研究成果可能仅仅是一张图纸、一个诀窍、一种想法，是尚停留在纸面上而未进行任何研究开发的成果；应用研究成果往往是处于实验室研究阶段，表现为实验室的样品；规模生产成果则是接近产品生产，仅需生产经营条件的叠加即可走向市场的成果。在三种类型成果分类的基础上，中间试验成果是介于研究和生产之间的技术成果，具有较大的讨论意义。

对于中间试验的理解，理论上有狭义论和广义论之分。狭义定义为"中间试验是经初步技术鉴定或实验室阶段研试取得成功的科技成果到生产定型以前的科技活动"。广义论者认为，中间试验是指经初步技术鉴定或实验室阶段研发取得成功的科研成果到生产定型以前的技术经济活动。可见，广义的科技成果已经扩展到"科研成果"的范畴，并把科技活动延伸到"经济活动"。

就科技成果转化的标的而言，基础研究类和软课题类成果通常不列入可转化成果的范围之内，中间试验在一定程度上带有经济活动的性质，在科技成果转化过程中所涉及的科技成果中间试验，其转化的方式和流程需注意以下几点：①科技成果的中间试验风险高、收益低，尽量由多方共担风险，可由政府、企业、科研机构联合承担；②中间试验需投入设备资源多，可借助国家已有的放大试验平台以及相关企业的研发线，节约中间试验成本；③中间试验过程中涉及情况多变，需反复调试，高水平的技术团队显得尤为重要。

二、交易定价

科技成果转化中转让、许可、合作实施、作价投资等的标的，通常以专利权、软件著作权、动植物新品种、专有技术等权利类成果为表现形式。科技成果的所有权尚属国有，无形资产价值难评估问题突出。

科技成果转化的定价方式包括协议定价、交易机构挂牌、成果拍卖定价等。由于国家设立的高校、科研院所所拥有的职务科技成果具有国有资产属性，无论是协议定价、交易机构挂牌，还是拍卖交易定价，均存在价格依据问题。高校、科研院所在《促进科技成果转化法（修正案）》实施之后，通常先采用委托第三方进行资产评估的方式，作为科技成果交易价格、技术交易市场挂牌的价格、拍卖起拍价的基础或依据。

交易定价过程中应注意如下问题：①选取不同评估方法、评估模型或参数会导致科技成果的价值不同，因此，供方和需方应就第三方委托机构协商一致，且就第三方所采用的评估方法、评估模型、参数选取等形成共识；②评估价值只反映科技成果的价值，成交价格可以等于其价值，也可以高于其价值，或低于其价值，可在第三方评估后进行协议定价；③科技成果交易本身存在一定的风险性，未来具有不确定性，可协商采取多种转化方式混合的转化方式，比如里程碑式定价付款，或者一次转让费用加销售提成的定价方式，可有效化解双方成交风险。

三、转化合同

根据科技成果转化的方式不同，合同内容也不尽相同。在狭义的科技成果转化方式中，科技成果转让和许可合同较为常见，科技成果作价投资合同则较为复杂。

（一）转让和许可合同条款

科技成果转让或许可合同一般包括下列条款：当事人的姓名或者名称和住所；科技成果标的；科技成果的数量；转让或许可的价款；价款支付及资料交付的期限、地点和方式（成果转让的还需约定权利变更条款）；后续技术服务；违约责任；解决争议的方法；其他约定条款。

订立科技成果转让或许可合同，需要注意以下问题：①专利有效性，主要体现为拟转让的专利或者许可实施的专利是否在有效期限内；②与成果相关的技术情况，专利、软件著作权等仅是技术的表现形式，与权利相关的技术实质应当在合同中详细约定，包括技术名称、主要指标、作用或者用途、工艺流程等；③实施许可的方式及区域范围，清晰约定普通许可、排他许可、独占许可、交叉许可等方式，明确约定在全国或者具体区域内可以使用该科技成果；④科技成果的具体形式，专利权、专利申请权、技术秘密权、软件著作权、动植物新品种权等的概念和内涵差别较大，需要具体问题具体分析。

（二）科技成果作价投资合同条款

科技成果作价投资合同是较为复杂的合同类型，合作双方经过谈判、反复磋商和修改，达成一致后，即签署《投资意向书》。《投资意向书》通常会涉及以下几个方面的内容：可转换优先股的转换价格、转换比例、优先股转换条件；强制赎回条款；对赌条款（业绩奖惩条款）；等等。

在签署投资意向书后，被投资企业和风险投资会在投资意向书基础上就投资协议的签订进行讨论和磋商，投资协议是对投资意向书的细化、延续和最终确认，原则是不能违背投资意向书的约定。经过投资者与创业公司的反复磋商，将投资协议最终敲定后，双方才进入正式签约阶段。双方会将已经达成的一致意见通过投资协议体现出来，并制定一系列文件辅助执行。投资协议的签订，预示着目标公司与投资者双方在经过较长时间的接触、谈判后，最终确定了彼此的正式合作关系，双方正式开始投资合作。

四、国资管理

高校和科研院所在利用国家资助经费和学校物质条件所开展的研发过程中，形成的职务发明科技成果属于国有资产，因此，科技成果转化涉及国有资产评估、定价和产权确认问题，为避免国家资产流失，高校和科研院所的科技成果转化中，应当关注如下问题。

（一）资产管理与知识产权管理的协同

根据国家相关政策的规定，高校和科研院所应当设立知识产权管理机构，但高校财务制度则规定，高校财务处室和国资管理机构对无形资产实施财务管理。在科技成果无形资产的管理方面，存在高校科技部门、资产监管部门和财务部门三个机构分别独立管理的情况，因此，科研院所科技成果转化的内部管理实施过程中，应重点关注三个部门的协同合作。

（二）科技成果无形资产确认和入账制度完善

事业单位应当注意建立健全资产购置、验收、保管、使用等内部管理制度，应当对实物资产进行定期清查，加强对本单位科技成果权、商标权、著作权、土地使用权、非技术类技术、商誉等无形资产的管理，防止出现无形资产流失的问题。在科技成果类无形资产归口于科技处室管理的前提下，将会出现资产监管部门并没有将科技成果类无形资产进行清查，财务部门也没有将其核算入账的情况。因此，科技成果转化过程中，需要关注科技成果的资产确认和财务入账问题。

（三）科技成果无形资产投资专业性复杂

科技成果转化的内容包括科学知识、技术成果、科技信息以及科技能力的转让、移植、引进、交流和推广普及。采用技术作价投资方式虽有可能获得较大的经济效益，但发明人或产权人获取收益的周期较长，并且在法律和政策上存在一些操作问题，比如实施主体不明、实施流程复杂、知识产权转移、税收递延等问题，需要重点研究。因此，采用技术转让和实施许可方式实现技术转移，发明人或产权人可以较为直接和简单地拿到费用，这两种方式也是被高校和科研机构广为采用的。

五、税收减免

国家科技成果转化政策的推进过程中，税收减免起到较为重要的作用，但是截至目前，相关税收政策并未完全契合于科技成果转化活动。高校、科研院所等事业单位服务经济发展，积极推进科技成果转化，是高质量科技企业培育的重要方式，具有促进地方经济发展和提高社会就业率的积极意义。下面结合国家的现行税收政策，介绍在科技成果转化的知识产权权利变更过程中，需注意三类税收问题。

（一）技术转让减免企业所得税的登记

技术转让活动要享受优惠政策，应当签订技术合同，办理技术合同认定登记；技术转让合同的类型不同，则所认定登记的部门不同。境内技术转让合同需经省级以上（含省级）科技部门认定登记，跨境的技术转让需经省级以上（含省级）商务部门认定登记，涉及财政经费支持产生的技术转让需省级以上（含省级）科技部门审批。

（二）科技成果作价投资的主体

科技成果作价投资的主体不同，则相关税收政策不同。国家设立的高等院校、科研机构进行科技成果作价投资到境内居民企业的适用企业所得税法及其相关税收优惠政策。个人以技术成果投资入股到境内居民企业，被投资企业支付的对价全部为股票（权）的，个人可选择继续按现行有关税收政策执行，也可选择适用递延纳税优惠政策。

六、技术入股

以技术出资入股是当前科技成果转化的重要方式，也是科研人员创业的重要形式。但是，由于科技成果的"无形"特性，不同于货币和实物出资，在出资标的、出资义务及其履行上很容易发生争议。故在技术入股的过程中应注意以下问题。

（一）明确技术股含义

技术入股是指技术持有人以技术成果作为无形资产作价出资公司的行为。技术成果入股后，技术出资方取得股东地位，相应的技术成果财产权转归公司享有。按照《中华人民共和国公司法》和其他有关技术入股的法律规定，技术方可以用专利权、商标权、非专利技术及计算机软件著作权作为出资标的。

（二）技术入股的出资方式和标的

技术入股的出资方式有两种：一是和资金方共同联合研制、开发新产品；二是以技术方现成的技术成果折合成股份出资。此外，入股的标的需明确，入股的是一项产品的使用权还是所有权，技术方入股后资金方是否可将产品进行售卖，避免双方因入股标的问题产生争议。

（三）详细约定技术方的出资义务

对于技术出资的情形，出资人需履行的出资义务，需要根据不同的情况由当事人在合同中约定。一般技术方大致有三类义务：①办理权利转移手续，技术入股以专利入股居多，专利权的转让必须经中国专利局登记和公告后才能生效；②提供有关具体类型的技术资料，明确具体提供形式等；③进行技术指导，传授技术诀窍。

（四）重视出资技术的验收

货币出资和实物出资，一般以注册会计师的验资报告来确定出资到位与否。但技术出资义务履行与否、履行程度如何，则不能由会计师来判定。问题在于没有统一的验收标准，故关于技术验收方面容易发生纠纷，技术方的股权也就始终不是很稳定。

第三章 科技金融与经济增长协同创新

第一节 科技金融的概念和特点

一、科技的相关概念

（一）科技的概念

科技即科学与技术的统称。"科学"一词最早来自拉丁文"scientia"，主要有知识和学问的意思，经日本明治时期的学者福泽谕吉译为"科学"，后又由康有为、严复等引入我国。英国科学家贝尔纳（John Desmond, Bernal）曾说过，"科学在全部人类历史中已如此地改变了它的性质，以至于无法给它下一个合适的定义"。达尔文（Charles Robert Darwin）眼中的"科学"，就是整理事实，从中发现规律并得出结论。实际上，科学就是通过对普遍现象、普遍真理的发现、积累和分析，所形成的反映人们对自然、社会、思维等的客观规律的分科的知识体系，它包含了人类生活的各个领域。"技术"一词来源于希腊语，主要指生活中的个人手艺和技巧。18世纪的法国哲学家狄德罗（Denis Diderot）认为"技术是为某一目的的共同协作组成的各种工具和规则体系"。随着人类文明的不断发展，技术的范围也在不断扩大，运用在人类生产、生活的各个领域。简单来说，技术是人类通过积累生活经验和劳动技巧所形成的达到特定目的的操作经验和操作方法。

总体来说，科学与技术是统一辩证体，是通过理论调查、研究与实践事物之间存在的客观联系和规律，所得到的快速、便捷、高效的具特定目的的方法和手段，二者是相互依存、相辅相成的。

（二）科学与技术的关系

1. 科学与技术的区别

（1）科学与技术本质不同

科学是人类通过对自然界、社会等客观现象的了解所形成的知识体系，其存在有一定的必然性。科学形成的过程正是人类对于客观世界的本质和规律的发现过程，科学主要解释了自然客观现象的本质和其出现的原因。而技术的存在有一定的偶然性，技术进步的过程是人类通过已经建立的科学体系，对已知事物进行利用和改造，并通过发明、试验和总结形成新的方式和方法来维持、协调和发展人与自然界的关系。技术的存在有着很强的实践性，每一项技术的出现和革新都是为实现人类自身的愿望提供便利，技术可以说是对科学的实践运用。

（2）科学与技术的研究目标和价值不同

学者对科学的研究往往是探索的过程，是为了在人类未知的领域有所发现，科学研究的目的往往是为了通过加深人类对自然界以及人类对自身的了解，进而形成更加系统和完善的知识体系，而科学研究所取得的成果未必能在实际生活中直接运用或造成大的影响，科学的价值在于其正确性和深刻性。而技术的研究具有明确的、清晰的社会目的，经济利益、军事利益或社会利益是技术发展与创新的根本动力。所以技术的价值在于其经济性、可行性和先进性，判断一项技术是否有价值主要取决于其能否为人类所用。总体来说，科学研究的目标是为了教导人们，而技术研究的目标是为了服务大众。

（3）科学与技术的载体不同

科学活动主要以知识形态存在，其载体以报告、著作、书籍等为主，而技术活动的产物主要以物质形态出现，其载体以设备、产品、软件等为主。同时，科学活动的成果及价值往往很难用数字或金钱来衡量，而技术活动的成果往往可以量化，甚至可以直接将技术作为商品进行买卖。

（4）科学与技术的生命周期不同

科学往往是永恒的，人类在不断探索自然事物的同时，科学以知识体系的形态在被不断积累，科学探索亦是由浅到深，由未知到已知的一个循序渐进的过程，所得到的科学知识不会随着时间而逐渐消失，只会在探索和发现中不断被补充和纠正。而技术往往具有一定的生命周期，随着人们知识体系的不断完善，技术也在被一次次地突破和更新，在技术领域总是会出现新技术代替旧技术、新发明取代旧发明的现象。所以从理论上讲，每一项技术都有一定的寿命，一旦新技术被开发利用，旧技术就会被逐渐淘汰。

2. 科学与技术的联系

（1）科学是技术进步的理论基础

技术的进步往往依赖科学的发展。因为科学发展帮助我们不断扩大自身的知识体系和对身边事物以及未知事物的理解，人们通过对新的知识领域的发现，更容易了解现存技术的不足和改善空间，以达到不断更新技术的目的。

（2）技术是科学研究的必要手段

科学的发展同样需要技术的支持。因为技术不仅在一定程度上体现了科学的价值，其本身也为科学探索提供了工具。科学研究所经历的观察、总结、数据分析、实验等步骤都要通过不断更新的技术设备予以实现。

（3）二者是统一辩证体

科学与技术之间是相互渗透、相互转化的，二者是统一辩证体。随着人类对科学领域的不断探索和对技术领域的不断创新，科学与技术已经逐步融为一体。人们通过科学发现来不断更新现有技术，又通过一次次技术突破来为科学发展服务，二者的联系越来越紧密。许多新兴技术特别是高新技术的产生和发展就直接来自现代科学的成就。科学与技术的协调统一发展已经成为社会进步与发展的内在动力。

二、科技金融相关概念

（一）科技金融的概念

"科技金融"一词首次出现可以追溯到20世纪末，实际上是由我国学者提出的，国外并没有对科技金融进行具体的定义。科技金融是由我国的经济体制、金融和科技的运行机制及创新机制相互作用而产生的一个新的领域，因此科技金融可以说是非常具有中国特色的。

在我国，虽然"科技金融"一词在经济发展的实践中被广泛和频繁地应用，但是长期以来在理论上对于"科技金融"的概念仍然没有形成统一的定义。根据以往的文献研究成果，国内学者对科技金融概念的定义大致可以分为以下几种。

①科技金融是促进科技开发、成果转化和高新技术产业发展的一系列金融工具、金融制度、金融政策与金融服务的系统性、创新性安排，是由向科学与技术创新活动提供金融资源的政府、企业、市场、社会中介机构等各种主体及其在科技创新融资过程中的行为活动共同组成的一个体系，是国家科技创新体系和金融体系的重要组成部分。

②科技金融是一个跨学科的概念，是科技与金融相结合的产物，并提出了科技金融的"5I"规律，也就是创新（Innovation）、投入（Input）、一体化（Integration）、制度化（Institutionalization）、国际化（Internationalization）。

③科技企业在整个生命周期中的融资过程，该过程包括融资工具、融资制度、融资政策以及融资服务，融资活动的参与者包括政府、企业、市场、社会中介机构以及其他社会团体。

④科技金融定义为科技和金融的外生变量，虽然有其价值性，但并没有揭露出本质层面的科技金融。他将科技金融概括为四个方面的内容：科技金融是一种创新活动，是知识产权转变为商业化的融资行为的总和；科技金融是一种技术，即经济模式，而技术革命是新经济模式的引擎，金融是新经济模式的燃料，二者合起来就是新经济模式的动力之所在；科技金融是将一种科学技术资本化运作的过程，即科学技术被金融资本孵化为一种财富创造工具的过程；科技金融是新时代科技金融发展路径探索一种金融资本有机构成提高的过程，即同质化的金融资本通过科学技术异质化的配置，将无形资产有形化并通过其获取高附加回报的过程。

⑤科技金融有其特殊性，在金融体系内有其独特的领域和功能，是金融资本以创新科技的手段，特别是以创新发明、科技成果为代表的新技术推动高新科技产业化发展与科技类企业再创新的一种金融制度。

⑥科技金融贯穿科技创新企业与高新技术产业发展的各个生命周期，科技金融的本质实际上是金融创新与科技创新的高度结合，因此科技金融的发展需要金融发展和科技发展，科技金融是为科技企业提供各项投融资服务的金融机构、金融工具和金融政策的组合。

⑦科技金融是金融资源供给者依托科技与金融结合的创新平台，通过对创投、保险、证券、担保及其他金融机构等金融资源进行全方位的整合创新，为科

技型企业在整个生命周期中提供创新性、高效性、系统性的金融资源配置性优化,进而保障企业技术革新的有效提升并推动整个高新技术产业链加速发展的一种金融业态。这一定义充分强调了金融资源供给者的重要作用,也就是资本的力量,也强调了科技金融对于科技企业能否快速发展起到的关键促进作用。

⑧科技金融是以促进科技创新活动为目的,以组织运用金融资本和社会资本投入科技型企业为核心,以定向性、融资性、市场性和商业可持续性为特点的金融活动的总称。

从以上观点我们不难看出,虽然不同的学者对于科技金融的研究侧重点不尽相同,有以科技创新为侧重点进行研究的,也有以金融创新为侧重点进行研究的,但不可否认的是,从科技与金融两者关系的角度出发,学者们的看法大多是一致的,绝大多数学者都认为科技与金融两者之间是相辅相成的,金融产业可以为科技产业提供有力的支撑,科技产业又能带动金融产业的升级,两者的有机结合形成了科技金融的概念。科技金融并不是简单的"科技+金融",即"1+1=2"的模式,而是两个不同领域相互融合、相互依赖、共同发展的一种新型创新模式。科技金融的重点在于科技创新与金融资本的有机结合,科技创新与金融资本同等重要,缺一不可,单纯地将科技金融定义为金融资本促进科技成果转化,或是将科技对金融的促进作用定义为金融科技都是不全面的。科技金融在本质上是科技创新与金融发展的相互交流、相互发展的过程,两者的高度耦合助推了科技得以不断地创新与进步,同时也促进了金融的创新与发展。而无论哪种定义,毋庸置疑的是,科技金融在现代经济发展中发挥着重要的作用,是经济增长的动力所在。

(二)科技金融的组成要素

科技金融由两类要素组成,即科技金融形式和科技金融主体。前者是指科技与金融结合的具体形式,后者指所有与科技金融相关的部门。

1. 科技金融形式

科技金融的主要形式有两种:一是由政府资金建立基金或者由母基金引导民间资本进入科技型企业;二是多样化的科技型企业融资渠道,具体包括创业风险投资、科技信贷与科技保险、多层次资本市场等。随着互联网金融的兴起,在原有渠道基础上,科技金融出现了新的融资方式——众筹、第三方支付、数字货币、大数据金融等,为科技金融的科学化发展提供了多样化的选择。

2. 科技金融主体

科技金融主体包括科技金融需求方、供给方、政府部门及相关中介机构。政府部门出台科技金融政策,科技金融供给方在相关政策的支持下,更好地为科技金融需求方的创新行为提供金融支持,中介机构的存在则对连接科技金融供给与需求双方起到积极的作用。在宏观上表现为政府部门出台政策,通过金融体系引导社会资源向创新领域流动和集中,从而更好地促进创新型国家建设。

(三)科技金融的作用

1. 科技金融助力创新驱动战略

科技金融作为国民经济发展的重要举措,极大地推动了我国的科技创新。目前,通过构建科技金融体系促进科技进步与发展,已经成为实现国民经济快速发展的重要命题。科技创新和金融创新相结合,是提升科技创新水平和深化金融改革的必要选择,也是优化国家创新体系,培育自主创新能力的重要支撑。

2. 科技金融助力产业转型升级

科学技术是第一生产力,金融是现代经济的核心,每一次产业革命的兴起无不源于科技创新、成于金融创新。科技创新是我国完成产业转型的重要动力,政府在推动科技金融发展中需要发挥强有力的引导作用。科技和金融是转变发展方式和推动产业升级的两大重要引擎。现代社会产业形态越高端,生产组织管理形式越复杂,对科技进步与金融服务的依赖程度就越高。随着产业转型升级加快,产业替代周期缩短,企业间的竞争将更加激烈,对科技创新的依赖更强,对金融的需求也更加迫切。产业转型升级和结构调整能否成功,取决于科技创新创业是否活跃,金融支持是否有力,战略性新兴产业、现代科技服务产业、先导性产业的培育成长是否健康。因此,科技金融是促进产业转型和结构调整的重要举措。

3. 科技金融促进经济总量增长

首先,科技金融通过扩大产业规模提高经济总量,具体途径为扩大资金规模、人员规模等。此外，科技金融能够整合两个领域的专业人员，并扩大人才队伍，而且促进了多个领域的专业人才业务交流，带动专业技能和业务操作水平的提升。所以，两个领域的融合发展能够直接推动经济总量的增长，实现"1+1＞2"的效果。

其次，科技金融的发展能够激发劳动者培养就业所需相关技能的积极性，挖掘社会的就业潜力。而人才队伍的建设是经济增长中不可或缺的因素，所以这也是促进经济增长的一个渠道。科技金融的资金集聚效应，能够有效解决科技创新中的资金短缺问题，推动科技成果的转化，最终推动经济增长。

最后，科技金融可以通过技术扩散、产业关联等方式提高产业价值从而推动经济增长。为科技型企业提供资金支持助推创新项目开展的同时，技术随着各项活动的开展得到扩散。技术的流动必定会提高产出效率，促使产业向高端化转变。产业经济理论认为所有产业的发展都伴随着关联效应，所以科技金融同样具备产业关联特征。而技术创新和资金支持等要素通过产业关联传递到产业的价值端，从而提高了经济产业链的整体价值。

4.科技金融促进经济质量提升

创新成果的增加及转化可以提高产业效率，从而推动经济增长。目前来看，两个领域的结合催生了很多创新成果，如电子支付、大数据等产品，这说明科技金融在未来拥有着较大的发展潜力及空间。创新服务与产品可以在一定程度上提高产品的竞争力，而技术含量不高的服务与产品则会慢慢被逐出市场，进而提高技术含量高、经济价值高的服务与产品的市场份额。同时，对于消费者来说，服务与产品的迭代更新为他们提供了更多的产品选择，也降低了消费成本。

科技金融还可以通过促进机构革新，提高经营水平，从而改善市场绩效的途径并助推经济质量提升。科学技术的飞速发展促进了科技与金融的融合，降低了经营成本，如金融机构可以利用区块链技术减少信息成本、风险管理成本等。

此外，在互联网飞速发展的背景下，金融机构不断革新传统的金融体系，拓宽新的服务领域，其经营成本的降低和产品服务质量的提升能够有效提升市场绩效。科技金融作为新兴产业，其涉及的领域更具有包容性，因而能够在一定程度上解决社会所面临的就业难问题。总而言之，科技金融的发展在稳定就业方面发挥了重要的作用，这也是科技金融促进经济质量提升的一个重要途径。

5. 科技金融助力科技型企业走出融资困境

在现代经济中，科技与金融之间存在着十分重要的相互依存关系，科技进步能够促进金融创新，金融发展又能支持科技发展壮大。这就意味着，要想推动科技型企业的发展，就需要发挥金融的重要作用，实现科技与金融的有机结合。科技金融的重要功能之一是识别科技资源的潜在价值和风险，通过财税、金融等工具的组合运用与创新，实现科技资源与金融资源的有效对接。科技金融的出现，为难以达到传统金融机构服务门槛的科技型企业提供了融资机会和发展机遇，有利于科技型中小企业的成果转化，培育和发展战略性新兴产业。

三、科技金融的主要特征

（一）金融创新主动服务于科技创新

科技金融是科技与金融从松散配合、密切结合到深度融合之后所形成的产物。只有当金融不再被动配合科技创新的资金需求，而是主动介入科技创新，才真正标志着科技金融的产生。由此，我们可以梳理出科技金融与传统金融间的差异：传统金融模式是以稳健发展为基本原则，以自身盈利为中心，寻求盈利的流动性与安全性之间的平衡，形成由金融机构本身供应主导的资金配置模式；而科技金融则是以科技创新及其产业化发展需求为主导方向，形成需求导向型的资金配置模式。

（二）科技金融是金融系统的子系统

以科技发展为目标的科技金融，与农业金融及房地产金融相似，是属于促进相应产业发展的产业金融，具有自身独特的发展特征。科技发展过程包括科技开发、成果商品化及产业化三个阶段，每个阶段所面临的风险及资金需求存在显著差异，因而科技金融所需提供的解决方案会依据对象差异而不同。在科技金融系统中，科技应用研究存在显著的非排他性，在没有外部力量的协助下，金融体系为规避风险可能采取选择性资金投入的方式，为保障资金融通需要政府的积极投入，以期财政资金的引致效应吸引更多风险资金进入；而在后续商品化及产业化过程中，科技创新的市场价值凸显，市场资金的参与增多。因此，在科技金融系统中既包括行政性调控手段,又需要市场化参与,即"尽管科技与资金的结合会吸引市场资金的参与,但仍需要构建一个'花园',有益于科技与资金按照一定的方向更高效地结合"。

(三)公共财政与商业金融有效融合

鉴于科技创新具有明显的公共产品属性,突出财政支持的积极作用早已成为理论共识,但是如何提高公共财政资源的使用效率,却是经济运行实践长期的难题。科技金融以实现第一生产力与第一推动力的有效结合为内在目标,应用金融创新的思维来整合财政资源与金融资源,提供了解决问题的新视角。把财政拨付与金融机构或金融市场有效联系起来,为科技企业融资与成果市场化提供整体解决方案,既提供了实现科技创新与科技资产财富化的新途径,又通过科技金融的特殊制度安排提升了公共财政的支出效率。

第二节　经济增长与科技创新以及金融的关系

一、经济增长与科技创新的关系

经济增长与科技创新之间存在着密不可分的互动关系,它们相互交织,共同推动着现代社会的繁荣与发展。在当前全球化、数字化的时代背景下,这一关系的重要性尤为显著,成为国家竞争力的核心要素之一。科技创新作为经济增长的内在驱动力,其影响力广泛而深远。

第一,科技创新直接促进了生产效率的提升,通过改进生产技术和工艺流程,降低了生产成本,提高了产品和服务的质量与多样性,从而增强了企业的市场竞争力。例如,自动化生产线的广泛应用,不仅减少了人力成本,还大幅提升了生产精度和速度,为制造业带来了革命性的变化。同时,科技创新还能够开拓全新的市场空间,比如互联网、移动通信、人工智能等技术的出现,不仅创造了前所未有的产品和服务,如电子商务、远程办公、智能硬件等,还催生了一系列新兴产业,为经济增长开辟了新的蓝海。

第二,科技创新通过改变经济结构,引领产业转型升级。随着科技的进步,传统的劳动密集型产业逐渐被知识密集型和资本密集型产业所取代,这不仅优化了资源配置,还提高了经济的附加值。比如,在新能源汽车领域,电池技术、自动驾驶技术的突破,正在重新定义汽车产业,推动能源结构的变革,同时也带动了上下游产业链的共同发展,促进了经济结构的高级化。

第三,科技创新还能够激发消费需求,促进消费升级。新技术、新产品往往伴随着新的消费模式,满足人们更高层次、更多样化的需求。例如,智能手机、移动支付、在线教育等,不仅极大地便利了人们的生活,也创造出新的消费热点,带动了相关产业的快速增长,为经济增长增添了新的动力。

第四,科技创新与经济增长的正向互动并非自然而然发生的,它需要一系列条件的支持。政策环境、教育体系、金融市场、基础设施建设等都是促进科技创新与经济增长耦合的关键因素。政府通过制定鼓励创新的政策、加大对科研的投入、保护知识产权、优化营商环境,可以有效激发企业的创新活力。同时,完善的教育体系能够培养出具备创新能力的人才,为科技创新提供人才储备。金融市场特别是风险投资的活跃,为科技创新项目提供了必要的资金支持,帮助科技成果跨越"死亡之谷",转化为实际生产力。而先进的基础设施则是科技创新成果应用的基础,如高速网络、数据中心、智能物流等,为科技创新的广泛应用创造了条件。

第五,科技创新与经济增长的互动还面临着诸多挑战,如技术鸿沟的扩大、数字安全问题、环境污染与资源枯竭等。这些问题要求我们在追求经济增长的同时,也要注重科技创新的伦理和社会责任,实现科技发展与社会福祉的和谐统一。可持续发展成为新时代科技创新的重要导向,绿色科技、循环经济等理念被广泛采纳,旨在通过科技创新解决环境问题,推动经济向更加绿色低碳的方向转型。

总结而言,经济增长与科技创新之间的关系是相辅相成、互为因果的。科技创新为经济增长提供了源源不断的动力,而经济增长又为科技创新提供了必要的资源和市场空间。在全球化竞争加剧的今天,把握好两者之间的良性互动,构建创新驱动型的经济增长模式,是实现经济高质量发展、增强国家竞争力的关键所在。为此,持续优化创新生态,促进科技、经济、社会的深度融合,将是未来政策制定与实施的重要方向。

二、经济增长与金融的关系

（一）金融发展理论的提出

金融发展与经济增长存在因果关系，他定义了需求拉动型和供给推动型两种金融发展模式。这两种模式与经济发展阶段有关：在经济发展早期阶段（发展中国家），金融供给推动型模式更有可能出现，金融发展领先并且推动经济增长，主要作用是动员储蓄增加投资；在经济发展后期，金融部门已经有较大发展，需求拉动型模式更为普遍，实体经济部门对金融服务的需求促进金融中介和金融工具的发展，金融发展是实体经济发展的结果。金融发展与经济增长的因果关系存在三种可能：第一，金融发展是因，经济增长是果；第二，经济增长是因，金融发展是果；第三，金融发展与经济增长互为因果。这就是"帕特里克之谜"。帕特里克的理论仅属于假说，没有对金融发展作出清晰的定义，也没有经验数据的支持，此后的金融发展理论大体是沿着解释"帕特里克之谜"的路径展开。

金融发展就是金融结构的变化，而金融结构包括一国金融工具、金融机构的形式、性质及相对规模。他通过金融相关比率（FIR）等金融结构指标，用跨国数据（35个国家）验证经济发展与金融发展之间大致存在平行关系，他发现在部分国家，经济飞速增长时期也是金融发展速度较快时期。但他并没有确认金融发展—经济增长的因果方向，而且，金融如果对经济增长有作用，其功能主要是动员储蓄和投资分配。

（二）经济增长与金融的相互作用

经济增长与金融之间存在着深刻的相互作用和依赖关系，二者如同一枚硬币的两面，彼此促进又相互制约，共同塑造着经济体的发展轨迹。以下是对这一关系的详细阐述：

金融系统作为现代经济的核心组成部分，通过多种机制对经济增长发挥着至关重要的作用。

第一，金融是资金融通的媒介，它通过吸收储蓄、提供信贷、管理风险和促进资本形成，有效配置资源于最具生产效率的领域。银行、证券市场、保险公司和其他金融机构构成的复杂网络，为不同规模的企业和项目提供所需的资金，尤其是对那些具有高增长潜力但初期资本需求大、风险高的创新企业而言，金融支持显得尤为重要。

第二，金融创新和服务的多样化能够提升经济效率。例如，电子支付、在线银行、金融科技等新兴金融服务降低了交易成本，提高了支付和资金转移的速度，使得经济活动更加灵活高效。同时，金融衍生品、风险管理工具等可以帮助企业和个人对冲风险，稳定预期，从而鼓励投资和消费，为经济增长创造更加稳定的宏观经济环境。

第三，金融与经济增长的关系并非单向促进，其影响是双刃剑。一方面，健康的金融体系能够促进投资、支持创新、增加就业，进而推动经济增长；另一方面，金融市场的过度波动、信贷的非理性扩张、资产价格泡沫等现象，可能会导致资源错配、经济过热，最终引发金融危机，严重时会拖累甚至逆转经济增长态势。

第四，政府和监管机构在促进金融发展的同时，必须审慎监管，防范系统性金融风险，确保金融稳定。这包括建立有效的金融监管框架、加强宏观审慎管理、维护市场透明度和公平竞争，以及适时实施逆周期调节政策等。合理的金融政策与监管措施，能够促进金融与实体经济的良性互动，使金融成为经济增长的稳定器和加速器，而不是潜在的破坏者。

综上所述，经济增长与金融之间存在着紧密而复杂的联系，金融既是经济增长的重要推手，又是需要精心管理和调控的关键环节。在当前全球经济增长放缓、不确定性加大的背景下，深化金融改革、优化金融结构、增强金融服务实体经济的能力，对于推动经济持续健康发展具有重要意义。

三、经济增长、科技创新、金融三者关系的相辅相成

经济增长、科技创新与金融之间的关系，构成了现代社会经济发展的重要三角支撑框架。在这个框架内，三者相互依存、相互促进，共同推动着全球经济的转型升级与可持续发展。

首先，经济增长是衡量国家或地区整体经济活动水平的关键指标，它不仅关乎国民生活水平的提升，还直接影响到社会稳定与国际地位。在当前全球经济一体化的背景下，单纯依赖自然资源或劳动力成本优势的传统增长模式已难以维系。因此，寻找新的增长动力成为各国政府和经济学家的共同课题，科技创新在

此背景下显得尤为重要。

科技创新是经济增长的新引擎。它通过改进生产方式、开发新产品、开辟新市场，从根本上改变经济结构，提高生产效率，从而驱动经济增长。历史经验表明，每一次重大的科技革命都会带来生产力的飞跃，推动经济进入新的发展阶段。例如，蒸汽机的发明开启了工业革命，信息技术的普及则引领了信息时代的到来。在当下，人工智能、量子计算、生物技术等前沿科技的发展，预示着新一轮科技革命的曙光，为经济增长提供了无限可能。

然而，科技创新并非孤立发生，它需要大量的资金支持和有效的资源配置机制。这就引出了金融在其中的关键角色。金融是现代经济的血液，它通过资本的汇聚与分配，为科技创新提供必要的资金保障。一方面，金融市场通过股票发行、债券融资、风险投资等多种形式，为科技创新项目吸引投资，尤其是对于初创企业和高风险的研发项目，风险投资的介入往往成为其生存和成长的关键。另一方面，金融创新本身也在促进经济增长，比如金融科技的兴起，通过运用大数据、区块链、人工智能等技术，提升了金融服务的效率和覆盖范围，降低了交易成本，增强了金融系统的稳定性，从而为实体经济发展创造了更加有利的条件。

更为重要的是，科技创新与金融之间的互动形成了正反馈循环。科技创新提高了生产效率，增加了经济产出，进而增强了企业和个人的支付能力，扩大了金融市场的资金来源。反过来，充裕的资金又为更深层次的科技创新提供了条件，形成了良性循环。同时，科技创新还能够通过金融产品和服务的创新，如绿色金融、科技保险等，为可持续发展和风险管理提供新的解决方案，进一步促进经济增长的质量和韧性。

值得注意的是，虽然科技创新与金融的融合极大地促进了经济增长，但这种关系并非无懈可击。金融市场的波动、资本的过度集中、创新泡沫等问题，都可能对经济增长造成负面影响。因此，建立科学合理的金融监管体系，平衡好金融创新与风险控制，防止金融资源的错配，是维持经济增长与科技创新良性互动的关键。

经济增长、科技创新与金融之间存在着密切且复杂的联系。它们相互促进，形成了一种动态平衡，推动着经济体系的持续进化。在全球化、信息化的今天，如何更好地理解并优化这一三角关系，将是各国政府、企业及研究机构共同面临的重大课题。通过加强政策引导、完善金融生态、鼓励研发投入，可以有效促进三者的协同发展，为全球经济增长注入持久动力，实现经济、社会与环境的和谐共生。

第三节 经济结构新视角：工业与金融业分工互动

一、工业与金融业

在新时代背景下，经济结构的新视角聚焦于工业与金融业的分工互动，揭示了两者间日益密切且复杂的相互作用，这对于推动国家经济高质量发展具有深远意义。工业作为实体经济的基石，承载着物质生产的重任，而金融业则如同经济体系的血脉，为各行各业输送资金养分，两者间的动态平衡与协同进化，构成了现代经济运行的核心机制。

首先，工业与金融业的分工体现在各自的专业化发展上。工业部门专注于技术创新、产业升级和制造能力的提升，通过智能制造、绿色生产等先进模式，提高生产效率，增强国际竞争力。而金融业则通过金融创新、风险管理、资本配置等专业服务，为工业发展提供充足的资金支持和多元化的融资渠道，降低企业融资成本，加速科技成果的商业化进程。这种分工不仅提升了各自领域的专业水平，也促进了经济结构的优化升级。

其次，互动是两者关系的另一重要特征。金融业的稳健发展为工业转型升级提供了强大动力。通过供应链金融、绿色金融、科技金融等创新模式，金融业能够精准对接工业企业的融资需求，尤其是在高新技术、绿色环保、智能制造等国家战略重点行业，金融业的精准滴灌作用更为显著。反之，工业的繁荣发展也为金融业的扩张和创新提供了广阔舞台。制造业企业的稳定现金流、优质资产为金融产品设计、金融服务创新提供了坚实基础，同时，工业数据的积累与应用，如通过大数据分析评估信用风险，也为金融科技的发展开辟了新路径。

更重要的是，经济结构新视角强调了工业与金融业的相互渗透与融合。随着数字化、网络化、智能化的深入发展，工业与金融业的边界日益模糊。工业互联网、区块链技术的应用，不仅革新了生产制造流程，也重塑了金融交易模式，推动了产融结合的新业态、新模式。例如，工业企业在生产过程中产生的大量数据，可以成为金融风险评估的重要依据，而金融工具和产品的嵌入，则能够帮助企业更好地管理资金流，降低运营风险，实现价值最大化。

二、物流业与金融业的协同发展

（一）物流业与金融业协同发展的意义

第一，物流业与金融业的协同发展是产业结构优化升级的有效途径。

中国现代服务业发展滞后，第三产业内部存在着结构水平低的问题。生活型服务业长期占主导地位，生产型服务业发展滞后，金融保险、房地产、物流产业、科技开发、信息咨询服务业严重落后。这种状况的改善需要产业创新的推动。物流业与金融业的协同发展就是一种产业创新，它们的协同发展便于新产品与新服务的产生；有利于创造新需求，开辟新市场；促进新市场结构的塑造；优化了资源配置；带动了就业和人力资本的发展，成为产业发展及经济增长的新动力。

第二，物流业与金融业协同发展能够为金融业开拓一个跨行业、相互交叉发展的新业务空间，为走出同质化竞争，转向差异化经营提供了可能。

金融机构普遍面临着道德风险和信息不对称风险，如我国的银行大量贷款逾期，成为呆账、死账，不良贷款比率远高于跨国银行。面对经济动荡局势，呆坏账比例偏高、融资能力及抵抗风险能力较差的中小银行，容易陷入流动性不足的困境。面对具有丰富市场和资本运作经验的金融机构进入，我国金融业在内部管理、竞争机制和服务体系等方面存在着相当大的差距，金融业的行业压力很大。金融业与物流业协同发展，对金融机构而言是降低信息不对称产生的风险的有效方法，使金融业的资金利用率有所改善，为金融业提供了新的服务平台，增强了金融机构的主动性。

第三，物流业与金融业的协同发展有利于增强我国行业供应链竞争能力。

在市场竞争日趋激烈的今天，企业纷纷视库存为一大负担。然而，大部分企业降低库存的方法往往是让其上游或下游企业承担，对于整个供应链来说库存并没有减少而只是发生了转移。物流业与金融业的协同发展，能够促使物流企业利用金融工具，盘活库存，在壮大自身实力的同时加速供应链的资金流转，从整个供应链的角度减少库存，整合资金资源，提升行业供应链的竞争力。

第四，物流业与金融业的协同发展可以解决我国中小型企业融资难的问题。在传统体制下，金融机构对中小企业的金融业务往往难以展开，因为中小企业的信誉等级无法评估，这种信息不对称加之我国现行的金融体制实行谨慎制的原则，使得中小企业融资困难，金融机构失去很大一部分业务。而物流企业通过库存管理和配送管理，能够充分了解中小企业的信息，可以作为中小企业和金融机构的粘合剂。根据物流业信息提供动产质押，解决中小企业融资难题。

（二）物流业与金融业协同发展对物流的作用

1. 物流业与金融业协同发展对物流的支持作用

物流业与金融业协同发展对物流的支持作用表现在资金支持、结算支持和个性化服务支持等方面。

从宏观上看，物流是从生产者到最终市场一体化的物流，包括供货、生产与加工、仓储、装卸、配送及最终送至需贷方手中的整个过程。因此，物流对全国范围内的基础设施投入要求极高。单个企业对物流基础的投入难以形成规模经济，必须借助政府财政和金融机构的大量资金支持。

从微观上看，金融对物流的支持主要体现在结算手段和服务方面。现代物流是以满足不同批量、不同规格、不同地区的需求为发展方向的。当顾客的需求是来自全国范围乃至世界范围时，金融的相应服务也就随之延伸到全国乃至世界范围。如果没有金融界计算资金划转等服务措施的配套，物流企业的成本就会扩大，更多中小企业就会对物流望而却步，更多大型物流企业会对订单较小、运送距离较远、花样要求较多的产品失去兴趣，物流的灵活性、多样化、个性化的发展优势就会丧失。而对于客户而言，如果采取网上订单却不得不离线支付，这种物流就是失败的物流。

2. 物流业与金融业协同发展对物流的监督作用

良好高效的金融市场应该是成本低廉、资金透明度高、管理规范、运行稳健的市场。要实现资金的高效运作，必须实现资金安全。为了保证资金安全，银行必须加大对金融资金运作的监督，防范企业风险，监督企业加强内部核算，科学而合理组织资金资源的分配与使用。这种监督体现在物流的筹资过程中，企业应有效利用货币市场和资本市场筹集资本，合理安排资金组织货源和生产；在经营管理过程中，应加强内部核算，突出成本与效率的关系，降低物流材料耗费及库存配送物资占压时间；在销售环节中，应加快资金货币回笼，减少资金占压款或应收账款，实现"零"资金运营的科学营销。

金融对物流的监督机制是与其激励机制相辅相成的，金融体系在要求企业完善内部核算机制的同时，也激励物流业不断创新企业内部机制，通过减少库存和物资占压等手段加速企业资金周转、降低占压资本成本，提高企业的财务管理水平，增强市场竞争力，使企业领导者及员工的素质都得以极大提升。

3.物流业与金融业协同发展的创新作用

现代金融与传统金融相比较，其最重要的特征就是金融创新。金融创新是指金融随着国际经济变化的需要而对各种金融要素，如金融工具、金融方式、金融技术、金融机构和金融市场等方面进行的重新组合，是以实现金融业利润最大化为目的而进行的明显变革。物流业与金融业协同发展同样属于金融创新，金融创新对社会经济生活的各个方面都产生了巨大影响，对物流业的进一步发展也有极大的推动作用。首先，金融业务创新推动物流业朝着多样化、综合化、个性化的方向发展。其次，金融工具创新推动了物流业的现代化进程。再次，金融制度及管理模式创新推动了物流业管理模式的创新。

中国的金融业将会朝着更加开放、更加规范化的方向发展，金融主体趋于多元化，金融服务意识进一步加强、金融机构之间的竞争也更加激烈。金融业在开展金融创新、控制金融风险方面进行了积极的探索。

三、制造业与金融业融合发展

（一）制造业与金融业融合发展内涵解析

产业融合发展与产业协调发展既有联系又有区别，两者均是一个动态过程，产业融合发展能够表现为产业间互相协调。但融合发展过程中，原产业发生了"分解、组合"，产业彼此的边界不再那么明晰，变得模糊甚至消融。

就制造业与金融业的融合发展而言，其直观表现为两大产业相互渗透、融合、交叉重组形成新产业、新业态、新模式。已有文献研究显示，二者的融合发展能够进一步促进制造业的产业结构优化升级及在全球价值链中水平地位的提升、激发金融业发展新动能，实现"1+1＞2"的产业融合效果。从二者融合发展的过程来看，只有在人才、技术及资本等各类生产要素积累到一定程度之后，产业间的融合才会发生，正如实践证明这一融合伴随着制造业转型升级与金融业现代化而出现；二者融合模式的选择注重于制造业与金融业双方优势的综合开发与利用，本质上取决于市场需求，例如金融租赁业的产生，正是受到具有一定生产技术和管理经验但生产资料不足的企业和个人的需求牵引；二者融合程度的高低则受到包括产业自身、市场需求、政策环境等多方面因素的影响，其中产业自身为二者融合发展的持续深化提供基础支撑，市场需求为此提供牵引动力，政策环境则为此提供外部保障。

（二）制造业与金融业融合发展模式

金融业与制造业的融合，其实质是金融业的现代化和制造业的转型升级以及新业态的产生。经过多年的发展，金融业与制造业的融合已经越来越普遍地发生，融合形式也越来越复杂。目前，依据制造业与金融业的发展特点，主要有以下几种互动融合发展模式。

1. 共生型融合模式

共生型的融合模式指制造业与金融业两者是基于同一种价值创造，即制造业的实物产品和金融业的服务性产品必须捆绑在一起同时售出，可以达到利益最大化。制造业与金融业在逻辑上是紧密联系的共生关系，只有通过这种紧密联系的融合，二者才能产生最优的共生绩效。

2. 内生型融合模式

内生型的融合模式指制造业通过产业链的延伸，在同一价值链上前向或者后向衍生出与实物产品相关的具有金融性的产品。制造业的实物产品衍生而来的金融性产品既可以给制造业开拓新的市场，也可以带动金融业的繁荣。通过向金融业进行价值转移的方式，可以提升制造业和金融业的竞争力。

在内生型的融合模式下，制造业在实物产品从研发到售后的整个生命周期中内生出多个金融性产品，即通过产业链条延长，制造业的实物产品衍生出新的基于"用户导向"产生的金融性产品的需求，通过这些需求使金融领域不断拓展并向制造业渗透。在二者不断融合的过程中，金融业为了提高其服务能力，也会通过更细化的分工，进行专业化和集群化发展。这种融合模式在企业内生的融资租赁领域表现得较为明显。

3. 互补型融合模式

互补型融合模式是指制造业与金融业在为客户提供解决方案时可以将实物产品和具有金融性质的产品结合售出，从而更好地满足客户需求。在该种模式下，制造业和金融业在本质上是相关的，但是实物产品与金融产品并非捆绑出售。通过互补性融合，两者均能达到最优绩效。在基于互补性的融合模式下，制造业的实物产品与具有金融性质的产品可以通过技术、资源、业务、管理和市场等的互补，提供给客户具有互补性的产品。在这种模式下，企业既提供可以满足客户一定需求的实物产品，也提供可以满足客户一定需求的金融产品，然而当二者结合出售，将会产生更多的价值，产生"1+1＞2"的效用。

（三）制造业与金融业融合发展的建议

1. 优化制造业与金融业的融合发展平台

当前制造业与金融业的融合基础已得到不断夯实，但两大产业的融合程度较深度融合却仍有差距，究其原因，在一定程度上源于当前两大产业的信息交流和传递存在迟滞，可通过优化制造业与金融业融合发展平台而实现，依托平台有效整合两大产业自身信息、政府政策、市场供求信息等多方面内容，从而实现进一步促进制造业与金融业的深度融合发展。

2. 完善制造业与金融业融合发展环境

一方面，因制造业企业中小型企业占比较高，这些企业大多处在成长发展阶段，需要大量融资促使其发展，且其对制造业金融业影响较大。故需从本质上解决中小制造业企业存在的"融资难""融资贵"的问题，政府可强化面向中小型企业的金融服务能力，进一步推进金融创新，不断拓展对中小型企业的融资工具和融资渠道，也可引导中小企业产业基金的发展，借此促进两大产业的进一步有效融合。

3. 加快复合型人才培养速度

制造业与金融业的融合发展不仅需要政策、资金的支持，最关键的是人才，唯有人才才能快速推动制造业与金融业的深度融合发展。复合型人才可促进制造业的科技创新能力提升，使其能与当前金融业服务供求机制相匹配。因此要完善人才培养机制，引进与培养制造业与金融业融合发展所需的高端型人才，并提高制造业与金融业从业人员的素质与能力，多措并举，推进二者融合发展水平的持续提升。

第四节 经济增长新动力：金融创新与科技创新的耦合

一、金融创新与科技创新的重要性

在21世纪的信息化社会中，金融创新与科技创新的重要性日益凸显。它们不仅是推动经济持续、健康、稳定发展的重要动力，也是国家竞争力的重要体现。金融创新和科技创新的耦合，更是现代经济发展的必然趋势。

金融创新对于经济的推动作用不容忽视。金融创新通过优化金融结构，提高金融效率，推动金融市场的深化和广化，从而促进了资金的优化配置和经济的快速增长。同时，金融创新也有助于降低金融风险，提高金融体系的稳定性。随着金融科技的快速发展，金融创新的深度和广度都在不断扩大，对于经济的推动作用也日益显著。

科技创新是推动社会进步和经济发展的核心动力。科技创新能够提升生产效率，改善生活质量，推动产业升级和转型。在现代社会，科技创新已经成为国家竞争力的重要标志。只有不断进行科技创新，才能在激烈的国际竞争中立于不败之地。

金融创新与科技创新的耦合，是推动经济高质量发展的重要途径。金融创新可以为科技创新提供强大的资金支持，推动科技成果的转化和应用。科技创新也可以为金融创新提供新的技术和方法，推动金融服务的升级和创新。金融创新与科技创新的深度融合，将有力推动经济的转型升级和高质量发展。

因此，我们必须高度重视金融创新与科技创新的重要性，加强二者的耦合研究，推动金融与科技的深度融合，为经济发展注入新的活力。

二、金融创新与科技创新的耦合概念

在当今快速发展的经济环境中，金融创新与科技创新无疑是推动社会进步和发展的重要动力。这两者各自在其领域内引领着变革的浪潮，然而，当我们将视线转向它们之间的交集时，会发现一个令人瞩目的现象——金融创新与科技创新的耦合。这种耦合不仅仅是两者之间的简单相加，而是它们在相互影响、相互渗透中形成的深层次融合，这种融合对于推动经济发展、优化资源配置、提高生产效率等方面具有深远的意义。

金融创新的本质是通过金融工具和金融市场的创新，优化金融资源的配置，提高金融体系的效率。而科技创新则是通过技术手段的突破和应用，推动生产力的提升和产业结构的升级。当金融创新与科技创新相互耦合时，金融资源将更加精准地流向科技创新领域，为科技创新提供强有力的资金支持，科技创新的成果也将为金融创新提供更多的应用场景和市场需求，推动金融产品和服务的不断升级。

因此，金融创新与科技创新的耦合关系，不仅有助于我们深入理解两者之间的互动机制，更能为我们在实践中更好地发挥它们的协同效应提供理论支持。通过深入探讨这种耦合关系的内在逻辑和影响因素，我们可以为政策制定者提供决策参考，为企业家提供创新方向，为投资者提供投资机会，共同推动金融与科技的深度融合，为经济社会的持续健康发展注入新的活力。

三、金融创新与科技创新的相互影响机制

金融创新与科技创新之间存在着复杂而紧密的相互影响机制，这种机制表现为相互促进和相互制约两个方面。

金融创新为科技创新提供了强大的资金支持。随着金融市场的不断发展和金融工具的持续创新，企业可以通过更加多样化的融资渠道获得资金，降低融资成本，从而增加对科技创新的投入。同时，金融创新的风险管理功能也为科技创新提供了风险分散和转移的途径，降低了科技创新的风险，提高了科技创新的成

功率。

科技创新推动金融创新的不断深化。科技创新带来了新的产业、新的业态和新的商业模式，这些变革对金融市场和金融服务提出了新的需求。为了满足这些需求，金融市场和金融机构需要不断创新，提供更加多样化、个性化和高效的金融服务。同时，科技创新也为金融创新提供了技术支持，如大数据、云计算、人工智能等技术的应用，推动了金融服务的智能化、便捷化和普惠化。

然而，金融创新与科技创新之间的相互影响并非完全正面。在某些情况下，金融创新与科技创新之间也存在相互制约的现象。

一方面，金融创新的过度发展可能导致对科技创新的过度投机和泡沫化。在金融市场过度繁荣的情况下，资金可能过度流向金融市场而非科技创新领域，导致科技创新的资金不足。同时，过度的金融创新也可能导致金融风险的积累，一旦风险爆发，可能对科技创新产生巨大的冲击。

另一方面，科技创新的快速发展也可能对金融创新提出更高的要求和挑战。新技术的不断涌现可能导致金融市场和金融机构的现有技术和模式过时，需要金融机构不断跟进和创新以适应新的需求。然而，由于新技术的不确定性和风险性，金融机构在跟进和创新过程中可能面临较大的困难和风险。

金融创新与科技创新之间的相互影响机制是复杂而多样的。在未来的发展中，需要充分发挥金融创新与科技创新的相互促进作用，同时避免相互制约的风险，以实现金融与科技的协调发展。

四、金融创新与科技创新的耦合机制

（一）耦合的内涵及特征

耦合，作为一个物理学概念，原指两个或两个以上的系统或运动形式通过各种相互作用而彼此影响的现象。随着学科交叉融合的加深，耦合的概念逐渐延伸到其他领域，包括社会科学和经济管理等。在金融与科技的交叉领域，耦合被用来描述金融创新与科技创新之间相互依赖、相互促进的关系。

金融创新与科技创新的耦合，指的是两者在发展过程中形成的相互关联、相互影响的动态关系。这种耦合关系表现为两个方面的特征：一是互动性，即金融创新与科技创新在发展过程中相互影响、相互推动，形成一个良性的互动循环；

二是协同性,即两者在发展方向、发展速度和发展结构上呈现出一种协同演进的态势,共同推动经济社会的发展。

金融创新与科技创新的耦合特征,主要体现在以下几个方面:一是创新性,这是耦合关系的基础,两者都需要不断创新,以推动耦合关系的深化和发展;二是风险性,由于金融和科技都是高风险领域,因此耦合关系也具有一定的风险性,需要采取有效的风险管理措施来应对;三是开放性,耦合关系的发展需要金融与科技领域的开放合作,共同推动创新资源的流动和整合;四是动态性,耦合关系不是一成不变的,而是随着金融和科技的发展而不断变化和调整的。

(二)金融创新与科技创新耦合的动力机制

金融创新与科技创新的耦合动力机制,主要源自两者的内在需求和外部环境的推动。内在需求方面,科技创新需要金融资源的支持,以实现其技术突破和商业化转化。金融创新则通过提供多元化的金融产品和服务,满足科技创新的资金需求,促进科技成果的转化和应用。这种内在需求推动了金融创新与科技创新的紧密结合。

外部环境方面,政府政策的引导和市场机制的推动也是重要的动力来源。政府通过制定优惠政策和提供资金支持,鼓励金融机构加大对科技创新的投入,促进金融创新与科技创新的深度融合。市场机制则通过竞争和选择,推动金融机构和金融产品创新,满足科技创新的多样化需求。

金融科技的发展也为金融创新与科技创新的耦合提供了强大的技术支持。金融科技通过大数据、云计算等技术的应用,提高了金融服务的效率和便捷性,降低了科技创新的融资成本和风险,为金融创新与科技创新的耦合提供了强大的动力。

金融创新与科技创新的耦合动力机制是多方面的,包括内在需求、政府政策、市场机制和金融科技等多个方面的共同作用。这种耦合动力机制推动了金融与科技的深度融合,为经济发展和产业升级提供了强大的动力支持。

(三)金融创新与科技创新耦合的模式及路径

金融创新与科技创新的耦合,是一个复杂而精细的过程,涉及两者之间的相互作用、相互影响。这种耦合关系不仅推动了金融和科技领域的快速发展,更对整个社会经济产生了深远影响。

耦合的模式上，金融创新与科技创新主要呈现出两种典型的模式：一是金融创新引领科技创新，二是科技创新驱动金融创新。在前一种模式下，金融创新通过提供更为灵活、高效的金融服务，如风险投资、股权融资等，为科技创新提供了强大的资金支持，从而推动科技创新的发展。在后一种模式下，科技创新通过产生新的科技成果，如人工智能、大数据等，为金融创新提供了全新的技术手段和工具，从而推动金融创新的进步。

耦合的路径上，金融创新与科技创新的耦合主要通过以下几个路径实现：一是政策驱动，政府通过制定一系列的政策措施，如科技金融政策、创新支持政策等，引导和推动金融与科技的深度融合；二是市场驱动，市场在资源配置中发挥决定性作用，金融与科技的耦合是市场自发选择的结果；三是技术驱动，科技创新为金融创新提供了技术支持，如区块链技术、云计算技术等，推动了金融服务的升级和变革；四是人才驱动，人才是金融与科技耦合的核心要素，金融与科技的深度融合需要一支既懂金融又懂科技的人才队伍。

金融创新与科技创新的耦合是一个多维度、多路径的过程，需要政府、市场、技术和人才等多方面的共同努力。未来，随着科技的不断进步和金融的不断创新，金融与科技的耦合将更加紧密，对经济社会的影响将更加深远。

五、促进金融创新与科技创新耦合的对策

（一）优化金融政策，提高金融服务科技创新的能力

随着科技的不断进步和创新，金融领域也迎来了前所未有的发展机遇。为了充分把握这一机遇，我国必须优化金融政策，提高金融服务科技创新的能力。这不仅是推动金融创新与科技创新耦合发展的内在要求，也是促进我国经济高质量发展的必然选择。

要优化金融政策，为科技创新提供有力支撑。政府应加大对科技创新企业的支持力度，通过制定更加灵活、优惠的金融政策，降低科技创新企业的融资成本，激发其创新活力。同时，还应加强对科技创新企业的风险评估和信用评级，完善金融服务体系，提高金融服务效率和质量。

要加强金融与科技的深度融合，推动金融服务模式的创新。通过运用大数据、云计算、人工智能等先进技术手段，提高金融服务的智能化、个性化水平，为科技创新企业提供更加便捷、高效的金融服务。同时，还应鼓励金融机构与科技创新企业开展深度合作，共同研发新型金融产品和服务，满足科技创新企业的多元化需求。

要加强金融监管，防范金融风险。在推动金融创新与科技创新耦合发展的过程中，要始终坚持风险可控的原则，加强金融监管力度，完善金融监管体系，有效防范和化解金融风险。还应加强金融消费者权益保护，维护金融市场的稳定和健康发展。

优化金融政策、提高金融服务科技创新的能力是推动金融创新与科技创新耦合发展的关键所在。只有不断优化金融政策、加强金融与科技的深度融合、加强金融监管，才能为科技创新提供更加有力的支撑和保障，推动我国经济实现高质量发展。

（二）加强科技创新与金融创新的深度融合

随着全球化的推进和知识经济的崛起，科技创新和金融创新已成为推动经济发展的双引擎。然而，二者的深度融合，即耦合发展，才能释放出更大的潜能，为经济发展注入更强劲的动力。因此，加强科技创新与金融创新的深度融合，既是时代的呼唤，也是经济发展的必然趋势。

科技创新与金融创新的深度融合有助于优化资源配置。科技创新需要资金的投入，而金融创新则能提供更丰富的融资渠道和更灵活的融资方式。二者的深度融合，能使资金更精准地流向科技创新领域，提高资源配置效率，促进科技创新成果的转化和应用。

科技创新与金融创新的深度融合有助于降低创新风险。科技创新具有高风险、高收益的特点，而金融创新则能通过风险分散、风险转移等方式降低创新风险。二者的深度融合，能在风险可控的前提下推动科技创新的深入发展，为经济发展注入更多活力。

科技创新与金融创新的深度融合有助于推动产业升级。科技创新能提升产业的技术水平和竞争力，而金融创新则能为产业升级提供强大的金融支持。二者的深度融合，能推动产业向高端化、智能化、绿色化方向发展，提升整个经济体系的质量和效益。

科技创新与金融创新的深度融合有助于提升国家竞争力。科技创新和金融创新是国家竞争力的重要组成部分，二者的深度融合能提升国家的整体创新能力和金融实力，使国家在全球竞争中占据更有利的位置。

加强科技创新与金融创新的深度融合具有重大的现实意义和深远的历史意义。我们应该从政策、机制、环境等多个方面入手，推动二者的深度融合发展，为经济发展注入更强劲的动力。

（三）构建多元化融资渠道，降低科技创新融资成本

科技创新是推动社会进步的重要动力，然而，融资难题一直是制约其发展的关键因素。为了解决这一问题，我们需要构建多元化的融资渠道，降低科技创新的融资成本。

应鼓励并引导商业银行、保险公司、证券公司等各类金融机构为科技创新提供多元化的融资服务。商业银行可以通过科技贷款、知识产权质押等方式为科技创新提供资金支持；保险公司可以提供科技创新保险，为科技创新项目提供风险保障；证券公司则可以通过股票、债券等资本市场工具为科技创新提供融资渠道。

应推动科技创新与资本市场的深度融合。可以通过设立科技创新板、推出科技创新基金等方式，吸引更多的社会资本进入科技创新领域。同时，也可以推动科技创新企业通过 IPO、再融资等方式进入资本市场，利用资本市场的融资功能，实现科技创新的快速发展。

政府也应发挥其在科技创新融资中的引导作用。可以通过设立科技创新专项资金、提供税收优惠等方式，降低科技创新的融资成本。政府还可以推动建立科技创新投融资平台，为科技创新企业和金融机构提供一个高效、便捷的对接平台。

构建多元化的融资渠道，降低科技创新融资成本，是推动科技创新发展的重要途径。我们需要通过引导金融机构、资本市场和政府等多方面的力量，共同推动科技创新融资环境的优化，为科技创新提供坚实的资金保障。

第五节 资本市场和风险投资行业的创新

一、智能合约重塑资本流通

资本市场引入区块链技术的智能合约，直接在分布式账本上执行交易条款，无需第三方中介，大大提高了交易透明度与执行效率。这种自动执行、不可篡改的协议机制，不仅简化了清算与结算流程，降低了操作风险，还为跨境资本流动开启了新的信任模式，使得资金在全球范围内得以更迅速、低成本地配置。

（一）重塑清算与结算流程

区块链智能合约的引入，直接嵌入交易逻辑至分布式账本中，实现了自动执行、即时清算与结算功能，无须依赖传统中介结构。这不仅显著缩短了交易周期，降低了操作风险，还极大地减少了交易成本，为资本市场带来了前所未有的效率提升。

（二）增强透明度与信任度

通过区块链的公开、透明特性，智能合约确保每一笔交易的历史可追溯、不可篡改，所有市场参与方都能在同一时间获取相同的真实信息，从而增强了市场整体的信任度。这种透明化不仅提升了监管效率，也为投资者提供了更加安全的投资环境。

（三）促进跨境资本流动

区块链智能合约打破了地域限制，允许资金在全球范围内迅速、安全地转移，无需考虑银行工作时间或货币兑换问题，极大便利了跨境投资与融资活动。它为全球资本市场一体化铺设了技术基础，加速了资本在全球范围内的最优配置。

（四）创新金融产品与服务

区块链智能合约技术为资本市场创新提供了无限可能，比如数字资产证券化、自动化的债券发行与赎回，以及去中心化的交易所等。这些新型金融产品和服务降低了准入门槛，拓宽了融资渠道，为投资者和筹资者创造了更多选择和机会。

（五）强化合规与风险管理

智能合约可编程的特性允许将合规规则编码其中，确保所有交易活动自动遵守相关法律法规，降低了因人工操作失误导致的合规风险。同时，通过实时监控智能合约执行情况，金融机构能够更有效地管理市场风险和信用风险，提升风险管理的自动化水平。

（六）推动金融民主化进程

区块链智能合约技术降低了传统金融市场的复杂性和成本，使得小型投资者也能平等地参与到各类金融活动中。它促进了金融资源的更广泛分配，增加了资本市场的包容性，为小微企业和新兴市场提供了更多接触资本的机会，加速了全球金融民主化进程。

二、大数据驱动的精准投资

（一）精准定位潜力企业

通过整合行业报告、公开财务记录、社交媒体情绪分析等多元化数据源，风险投资公司利用大数据算法挖掘那些隐藏在数据海洋中的高成长潜力企业。这种深度分析不仅能识别出具有颠覆性创新的初创团队，还能预测其市场接纳度及增长轨迹，使投资决策更加前瞻且精准。

（二）构建动态投资模型

风险投资领域正逐步摆脱静态评估框架，转而采用基于大数据的动态投资模型。这些模型能实时吸纳最新市场数据、政策变动、行业趋势等信息，动态调整评估指标权重，为投资项目定制个性化的风险收益比，确保投资组合的最优化配置。

（三）风险预警与健康管理

利用大数据分析技术，风险投资机构能够实时监控投资组合中各企业的运营状况，通过设置关键指标阈值，提前预警潜在的财务危机、市场变动风险或管理效能下滑。这种主动的风险管理策略有助于及时调整策略，减少损失，保护投资回报。

（四）优化投资决策流程

大数据技术的应用大幅缩短了从信息收集到决策执行的周期，通过自动化处理和机器学习辅助，投资者可以快速分析海量数据，对比历史案例，模拟投资情景，从而更快做出决策。这不仅提高了决策效率，还减少了人为偏见对投资判断的影响。

（五）投资后价值创造

风险投资不仅止于资金注入，更在于为企业增值。大数据分析帮助企业识别市场机会、优化运营策略、提升产品定位。风险投资机构通过提供基于数据洞察的战略咨询，助力被投企业快速成长，实现双赢。同时，这些数据驱动的增值服务也是吸引优质项目的关键。

（六）构建数据驱动的生态系统

风险投资机构正围绕大数据建立一个包含创业者、投资者、行业专家和数据科学家在内的生态系统。这个生态系统促进了数据共享、知识交流与合作创新，为参与者提供了一个基于数据的洞察力平台，共同推动行业向更加智慧、高效的未来迈进。

三、金融科技加速融资创新

利用金融科技的创新，如众筹平台、数字证券发行（STO）以及基于区块链的股权融资，正在打破传统融资壁垒，为中小企业和初创公司开辟了新的融资通道。这些创新手段不仅拓宽了投资者群体，降低了融资成本，还加快了资金募集速度，促进了资本市场的民主化和多样性。

科技创新在实现中国式现代化新征程中发挥着越来越关键的作用。科技企业具有前期研发投入比例高、资金需求量大的特点，同时收益也具备不确定性。从目前来看，金融对科技型企业的支持仍有一些痛点存在，如商业银行风险偏好与科技企业金融需求不匹配、直接融资整体占比较低等方面，金融服务质效有待提升。当前，我国科创企业主要通过风险投资机构的股权融资模式满足资金需求，融资渠道相对单一。科技金融服务模式还停留在"等客户上门"阶段，不利于实现资金供需双方的高效对接。

相对而言，股权、债券等直接融资更适合科技型企业，尤其是以风险投资为主的股权融资具有风险共担、利益共享机制，股权投资者"高风险、高收益"的高风险偏好也更契合科技型企业属性，科技企业可以集中更多资金投入研发与生产。近几年，我国资本市场改革已取得较多积极成果，注册制改革全面落地、多层次资本市场体系基本建成，科创板、创业板、北交所与主板形成差异化特色，更好服务高新科技行业企业融资。

事实上，无论是直接融资还是间接融资，都能够实现对于科技企业的金融服务，关键是找到适合自身的发展道路。在科技金融方面，推动大中型银行设立科技金融事业部，探索科技金融发展新路径，充分调动我国金融资源向科技创新领域汇集。可以通过VC（创业投资）、PE（私募股权投资）等股权投资方式对初创企业进行风险投资，扩大投贷联动类金融工具的应用规模，探索认股权贷款、债转股等创新业务，降低科创企业成长周期中的还本付息压力，提高贷款的积极性和成果转换效率。

四、人工智能辅助风险评估

风险投资领域通过集成人工智能算法，能够实时监控市场动态，识别潜在的投资风险与机会。AI通过学习历史数据模式，预测市场走势，为投资者提供更为精确的风险评估报告，有助于在瞬息万变的市场中做出快速反应，把握最佳投资时机，同时也为风险控制策略的制定提供了科学依据。

五、可持续投资理念的兴起

随着全球对环境保护和社会责任意识的增强，可持续投资成为资本市场的新趋势。风险投资家们越来越重视被投资企业的环境、社会和治理（ESG）表现，推动资本流向那些不仅追求财务回报，同时对社会和环境产生正面影响的项目。这一转变不仅反映了市场道德观的变化，也为资本市场的长期健康发展奠定了基础。

六、跨领域融合与创新生态系统

当前，资本市场和风险投资行业不再孤立运作，而是与科技、医疗、教育等多个行业深度交融，共同构建起创新生态系统。这种跨界合作模式促进了技术转移和产业升级，加速了科研成果的商业化进程。风险投资机构通过设立专项基金、孵化器和加速器，不仅为创新企业提供资金支持，还提供市场对接、管理咨询等增值服务，形成从创意孵化到市场推广的全链条支持体系，推动经济结构的优化升级。

七、数实融合持续加深过程中促进产业全面升级

促进数字经济和实体经济深度融合，既能拓展实体经济发展潜能，又能提升实体经济发展质量，不断拓展实体经济发展空间和潜力，是我们走高质量发展道路和赢得新一轮国际竞争的重要举措。促进数字经济和实体经济深度融合，既是做强实体经济的现实需要，也是打造数字经济新优势的重要途径。

数实融合的发展模式和发展渠道需要将大量的物理资产通过数据化的方式展现出来，将更多的交易过程利用远程交易模式进行，这就需要在各交易主体之间建立充分的信任基础。因此，必须加强对相关人员的教育和指导，不断培养其数字经济意识，强化对数字经济的应用水平，如此才能够在融合过程中促进产业全面升级。

那么，如何进一步促进数字技术与实体产业融合呢？

首先，要建设健全的数字基础设施。高速、稳定的网络是实现数据传输和共享的基础，云计算、边缘计算等技术为实体产业提供了强大的计算能力支持。政府和企业应合作推进基础设施建设，确保各行各业都能享受数字化带来的便利。

其次，要促进跨界合作创新。数字技术与实体产业融合的核心在于跨界合作创新。不同领域的融合能够产生新的商业模式和价值链。例如，在农业领域，结合物联网技术可以实现精准农业，提高农作物产量；在医疗领域，结合人工智能可以开发出更精准的诊断工具。政府可以鼓励产学研用合作，推动不同领域的知识交流与技术共享。

再次，要搭建创新生态系统。促进数字技术与实体产业融合需要建立一个创新生态系统，包括政府、企业、科研机构、投资机构等多方合作。政府可以提供政策支持和资金扶持，引导企业加大研发投入；科研机构可以提供前沿技术支持；投资机构可以为创新企业提供资金支持。

第六节 科技金融助力科技成果转化

一、支持科技成果转化的科技金融类型

（一）财政科技投入

财政科技投入是指政府及其相关部门为支持科技活动而进行的经费投入，一般来说是指国家财政预算内安排的科研投入。财政科技投入是科技金融体系重要的组成部分，特别是在市场失灵与市场效率不高的情况下，能为科技活动的研发与成果转化提供十分重要的金融支持。

在科技创新领域，中央和地方政府通过专项资助、税收减免、信用担保、设立公共创业投资引导基金和风险补偿基金等多种方式支持战略性新兴产业的发展。政府引导基金支持科技创新是近年来的核心举措之一，主要采取政府母基金形式调控引导优化产业创新发展，例如国家科技成果转化引导基金、国家中小企业发展基金、北京市科技创新基金等。

（二）风险投资

风险投资（Venture Capital，简称VC）又译称为创业投资，具有与一般投资行为共通的特点，即都是在承受一定风险的情况下寻求利润的最大化，同时它的

投资对象、收益来源及实现收益的方式又与其他投资行为相区别。风险投资的特色在于甘冒高风险以追求最大的投资回报,投资对象是具有高成长潜力的企业,并将退出风险企业所回收的资金继续投入"高风险、高科技、高成长潜力"的类似创业企业,实现资金的循环增值。

企业的成长增值是创业风险投资的收益来源,而通过出售持有的企业股权变现则是创业风险投资独特的收益方式。从资金的来源和运营目的进行划分,可以将创业风险投资分为财务投资机构和产业投资机构,前者以追求财务回报为核心诉求,后者往往只投资与机构自有产业链相关的创业企业,不但追求财务回报,同时希望有一定的业务协同。目前,创业风险投资在我国发展的速度正不断提升,规模正迅速扩大,不少政府部门、企业与个人都已参与其中。

风险投资行为采用的主要组织形式即为有限合伙(LP),较少采用公司制,通常以基金的形式存在。投资人以出资为限对合伙企业债务承担有限责任,而基金管理人(GP)以普通合伙人的身份对基金进行管理并对合伙企业债务承担无限责任。这样既能降低投资人的风险,又能促使基金管理人为基金的增值勤勉、谨慎服务。

风险投资在促进成果转化和培育创新型企业成长、促进一国的经济乃至全球经济的发展过程中都起着十分重要的作用。它可以推动科技成果尽快转化为生产力,促进技术的创新,促进管理和制度的创新。除此之外,风险投资机构还可以为被投资公司提供高水平的咨询、顾问等服务。总之,在科技成果转化过程中,风险投资起到了至关重要的作用。

(三)科技贷款

科技贷款是为科技型企业发展和各种科技活动的开展而提供的债务性金融支持,是科技型企业融资的重要途径之一,在我国由银行等金融机构主导。贷款应用于科技成果转化项目的建设、运营、管理和技术改造,流动资金周转等,一般会对申请科技贷款的科技型中小企业的注册时间、公司的知识产权情况、资产和经营状况、公司高管的背景和信用情况等多方面进行评估。

根据供给者身份的不同,科技贷款可以分为商业银行科技贷款、民间金融科技贷款以及政策性银行科技贷款。科技贷款在性质上属于债务融资、间接融资,创新的方式有以知识产权为质押等。区别于传统的以不动产作为抵押物向金融机构申请贷款的方式，知识产权质押融资是企业或个人以合法拥有的专利权、商标权、著作权中的财产权经评估后作为质押物向银行申请融资。通过将企业合法拥有的专利权出质给银行等金融机构来获得贷款，不仅能为有形资产不足的科技型企业拓展一条全新的融资渠道，而且可以用金融手段促进企业技术创新，促进专利技术的产业化，完成"知本"到"资本"的转化。

（四）证券市场

证券市场指的是除风险投资之外的为科技型企业及其成果转化提供直接融资的资本市场，它以资本市场为依托，通过科技资源为内容和运行载体，促进科技成果更快地转化为生产力，最终实现科技成果的产业化。根据风险的高低、企业规模的大小等方面，可以将证券市场分为多个层次类别，如主板、创业板、科创板、中小企业板等。

（五）科技保险

科技保险，是指以保险作为分散风险的手段，针对科技研发的风险、科技型企业的经营风险以及科技金融系统自身的系统性风险，由相关保险公司给予赔偿或给付保险金的保障方式，对企业成果转化具有重要意义。根据保险经营者与运营机制的不同，可以分为政策性科技保险和商业性科技保险。科技保险在我国尚处于起步阶段，在政府的扶持与引导之下才能得到更好的发展，因此，政策性科技保险在当前的科技保险市场中占据着相当重要的地位。

（六）债券市场

债券是政府、企业、银行等债务人为筹集资金，按照法定程序发行并向债权人承诺于指定日期还本付息的有价证券。债券是一种金融契约，是政府、金融机构、工商企业等直接向社会借债筹借资金时，向投资者发行，同时，承诺按一定利率支付利息并按约定条件偿还本金的债权债务凭证。债券的本质是债的证明书，具有法律效力。债券购买者或投资者与发行者之间是一种债权债务关系，债券发行人即债务人，投资者（债券购买者）即债权人。

债券市场是发行和买卖债券的场所，是金融市场重要组成部分，也是一国金融体系中不可或缺的构成。一个统一、成熟的债券市场可以为全社会的投资者和筹资者提供低风险的投融资工具；债券的收益率曲线是社会经济中一切金融商品收益水平的基准，因此，债券市场也是传导中央银行货币政策的重要载体。

债券市场分为发行市场和流通市场。债券流通市场，又称二级市场，指已发行债券买卖转让的市场。中小企业债券市场现阶段的主要品种包括中小企业集合债券、中小企业集合票据和中小企业私募债券等，债券市场品种为数不多，债券发行规模又比较有限，债券市场准入门槛依然很高。中小企业集合债券一般由政府作为牵头人，将多个中小企业组织成一个发债集体，参与企业决定各自的发行额度，但债券名称统一、统收统付。

二、科技成果转化不同阶段的科技金融支持

（一）成果验证阶段

验证阶段的提法源于欧美的"高校早期科技成果的概念验证"，这一提法借鉴了欧美高校的概念验证中心和计划，旨在为基础研究成果等早期成果配置种子资金、技术验证、市场分析等资源，打通科技成果转化的"最初一公里"。验证阶段是指从有创造性的想法或经过初期实验开始，到经过多次实验使成果趋向成熟，并产品化的这一段时间。这段时期根据开发的难易程度，一般要持续1~3年的时间。

验证阶段所需科技金融支持主要有三个特点：一是资金需求量相对较小。此阶段的支出主要集中于技术研发费用及市场调研费用，没有什么生产和管理费用，对资金的需求量不大。二是资金需求时效性强。由于技术创新发展迅猛、市场机会瞬息万变，对成果方把握市场机遇的能力和时效也提出了相应要求，如果资金无法在短期内筹集到，项目进入市场的难度会增加。三是风险高。验证阶段是整个科技成果转化的第一期，往往没有收入产生，资金呈现净流出状态，所有投入资金都将承受巨大的技术风险和市场风险。

这一阶段投入资金需要沉淀较长时间才能获得收益，其高风险性使得很多融资方式由于顾及资金的安全性而不愿提供资金支持，因而这一时期与之相匹配的资金支持主要是科研经费和高校、科研院所自有资金。这一阶段转化项目在寻求外部资金支持时，技术成果本身的先进性、成熟度和市场前景对融资能否成功有很大的影响。该阶段科技金融支持方式以科研经费、风险投资、专项基金等权益

性融资方式为主，债务型融资为辅。近年来，政府部门开始加强对验证阶段成果转化的科技金融支持力度。

验证阶段转化项目由于许多不确定性因素的存在，使得整个的研究开发过程不一定能按预期完成，所以资金的需求也是不确定性的。但是，企业融资一定不能在缺资金的时候才启动，需要留出一定的资金余量，在必要的时候能够给以补充。在这个阶段资金类型最好寻找小量的、能及时补充、有耐心并有风险承受能力的资金，如北京市海淀区中关村科学城"概念验证支持计划"等类型政府资金，或者有转化经验与产业资源、能提供孵化服务、风险承受能力强、能陪伴项目由概念走向现实的投资机构。

（二）企业初创阶段

这一阶段是项目团队成立公司，成果转化开始转入商品化生产的阶段。这一时期，科技创业人员或机构将其经过验证期研发所形成的具有商业价值的科技成果，通过成立公司来实现科技成果向市场和产业转变的阶段，是中小高新技术企业创立形成的阶段。

这个阶段不仅涉及科技人员将实验室成果向工业生产环节转化的技术行为，更涉及科技创业者把原来较为松散自由的科研团体转化为具有生产经营职能和严密组织结构的经济实体的企业家行为，是取得、运用、整合技术、人才、资金和市场等各种经济资源并创立企业的过程。在初创期，转化任务主要是生产条件创建、产品研发和市场开拓，市场开拓包括资金市场的开拓和产品市场的开拓。

这一阶段主要呈现如下特点：一是资金需求量较大。在初创阶段，科技企业已经开始有固定资产和人员的投入，资金投入加大。企业虽有部分试销营业收入，但远远不能满足资金需求，相对于验证阶段而言，初创阶段的高科技企业对外部资金的需求更为强烈。二是需求频率高。在初创阶段，科技企业需要持续投入资金以保证企业的正常运转及市场开拓。三是风险较高。此阶段的风险更多地表现为创业风险，包含经营风险、技术风险、产品风险、市场风险等。其中，技术风险主要表现在新产品生产要素组合的不确定性和新产品技术效果的不确定性两个方面。

新产品能否满足市场的需求往往需要通过较长时间的观察、探索才能确定，科技金融对这个时期的科技成果支持方式以风险投资为主，银行信贷、财政科技投入为辅。成果转化到了这一阶段，风险比第一阶段已经降低了不少，一些天使投资人或者创业投资基金如果看好项目的市场预期就会愿意出资，同时，一些能够承受较大风险的产业资金也有可能投入。

这个阶段因为产品还没有成型、销售收入较少、市场反馈数据缺乏，不容易争取到很高的估值，在融资策略上，建议不要太纠结估值，尽快完成融资，加快产品研发，尽快推向市场，为以后更大资金体量的融资做好准备。在实操上，争取的估值高可以多融一些，估值低不妨少融一些，出让股份尽量不要超过20%。此外，生产设备等可以采用租赁、代工等方式，从而缓解资金压力，保障转化项目向前推进。

在这个阶段可以考虑争取由政府参与的引导基金支持，这类基金存续期较长，能给企业足够长的时间经营发展。同时，获得政府参与的基金投资也有利于后续申请政府补贴、参与重大项目、企业资质认定等。

（三）企业发展阶段

企业发展阶段是科技企业经过艰苦创业，技术相对成熟、产品获得部分客户的认可，实现科技成果向工业化生产的转化后，作为一个自主经营、自负盈亏的经济实体开始进入其正常的成长发展时期。此阶段企业已经趋向完成技术的产业化，经营日趋规范，市场影响力和核心竞争力开始形成，营业收入开始稳步快速增长，生产向规模经济发展，技术、财务和市场风险相比前两个阶段已经大大降低，融资能力增强，有能力实现融资手段多元化。

这一时期主要有以下特点：一是资金需求量大。在这一时期，科技企业的产品已为市场所接受，开始批量生产，单位制造成本下降，企业利润不断增加，财务状况大为好转。进入成长期，企业要进一步扩大销售渠道，扩大市场份额，对资金的需求较前两个时期有了大幅提高。二是风险相对较低。处于此时期的中小型高科技企业的技术风险、市场风险相对前两阶段明显降低，主要的风险是管理风险和由于规模化生产而形成较大资金需求缺口的风险，以及转型风险，如开发新技术、业务多元化、转型过程中资源要素的重组风险等。

这一阶段的初期，企业生产能力的扩大和营销支出依然需要外部资金的支持，财务风险依然很大，但较种子期、创建期已大大降低。产品在市场上销售，已经开始回笼部分资金，但是由于处于扩张阶段，追求市场占有率和规模化，投入大，回款慢，该阶段所需的资金数量比前两期更多，是第一阶段的几十倍甚至上百倍。在这个时期，工作重心开始由研究更多转移到生产和营销上，所以资金的投向也大都投入在生产和营销方面。在实际操作中，因为资金体量大、风险相对低，资本在好项目上的投资回报总额很可观。

由于本阶段成果转化市场前景逐渐明朗，其融资方式开始趋向多元化，除了风险投资、合作投资等权益性融资，银行贷款等债务型融资开始有较多增加。此外，也可以采用租赁融资，有利于把固定资产所需的资金后移，减轻资金压力。这一时期多元融资方式拓宽，成果转化公司有机会获得大量的低成本资金以满足此阶段资金需求。

该阶段科技金融对科技成果的支持以股权投资、银行信贷、财政科技投入等多种手段联动。风险投资可能继续追加投资以实现利益最大化，私募股权投资基金可能会投资大额资金，也可以采用银行信贷、财政科技投入这样的低成本融资方式。在这一时期多种融资方式的共同使用，可以提供大量低成本的资金以符合成长期的资金需求。

总体来看，科技成果转化第一阶段是从科学理论到科学技术的阶段，由于这一阶段很难产生直接经济效益，并且风险高、周期相对长、不确定因素多、对资金有一定的需求，因此，难以满足金融机构的资本回报与风险控制等要求。这一阶段，高校以及科研机构需要财政科研经费支持科研资源导入和项目启动。

第二阶段中技术开始实现产品化、商业化，金融机构通过创新金融工具为科技企业发展提供资金支持，科技企业开始提高给予金融机构资本回报的能力。这一转化阶段，比较适合寻找风险投资等资金支持项目的培育。

第三阶段是科技产品过渡到科技产业规模化运营的阶段，科技金融的目标是深化科技产业与金融体系的融合，推动新产业、新模式、新业态的发展，培育经济新增长点，推动产业和区域经济升级。这一阶段既需要风险投资资金支持，也需要多元金融工具的组合支持。

成果转化主体可以有权益性融资和债务性融资两种选择，前者筹集的资金归属于资本，后者筹集的资金归属于负债。对于处于初创期的企业，快速融资比估值更重要，优先考虑找天使投资人和可为企业导入更多的人才、市场、产业等资源的创业投资机构。随着公司的发展，要逐步考虑找顶级投资机构来加注，因为顶级投资机构有其与众不同的视野、格局和资源，对公司和团队的发展非常有帮助。

随着国家、社会对科技创新的重视和大力支持，科技创新的效率大大提高，很好地激励和促进了科技金融体系的创新发展。只要科技企业的核心竞争力突出，科技金融提供方往往会不局限于科技企业的发展阶段提供支持，甚至一个科技金融提供方有可能在企业发展的各个阶段都提供支持。总之，成果转化的每个阶段都需要不同性质金融的支持，科技创新本身存在诸多不确定性，金融领域将其视为典型的高风险产业。伴随企业的发展过程，企业融资的重点也会经历财政资金支持、股权融资、多元化融资三种主要模式。

第四章 创新型人才的创新思维

第一节 创新思维内涵与基本过程

一、创新思维的产生与发展

从某种意义上讲,思维方式是社会实践方式的反映,但又受到不同民族、不同时期社会文化的制约和影响。思维方式研究主要包括思维活动的基础、方法、倾向、性质,以及形成特定思维方式的环境条件及其历史价值。创新思维方式的所谓"创新"是从思维方式的性质、价值和历史作用的角度进行的探索。它具有三层基本含义:一是指思维方式本身的开拓和进步,即深化、复杂、变化和发展,具有新活动模式的性质;二是指思维方式对认识发展和科学进步的开拓和推动,具有新发现和产生新结果的价值;三是对以后更新思维方式的产生具有奠基和积极促进的作用。创新具有相对性,要历史地、客观地分析和认识各种创新思维方式的历史地位和作用。作为人们在每一个时代思考问题的动态活动模式,创新思维主要体现在哲学理性思维和科学研究方法中,这是一个永无止境的曲折而复杂的进化过程,它标志着人类自身智慧的发展水平和创新能力的发展程度。

任何创新思维都不是天上掉下来的,更不是凭空想象出来的。创新思维是相对的,创新思维方式只能在传统思维方式的基础上产生。一般来说,传统思维方式在面临新情况、新问题、新事物时,往往显得无能为力,没法解决现实的各种复杂问题,从而引起创新者的困惑、怀疑、立异、变革、创新,这就是创新者在创新过程中创新心理及思维方式形成和发展的过程。创新思维方式的形成和发展过程往往是一个漫长的历史过程,在现实生活中,一种新的思维方式形成并被人们接受以后,它对人们认识世界的能力的提升和创新思维水平的发展所产生作用也是持久的。实际上,创新思维方式、方法及模式的产生、发展和变更是一个复杂过程，是各种因素、各种条件交互作用的结果。创新思维方式的复杂性还体现在不同历史时期创新思维方式的存在和发展并不一定以某种唯一的形态呈现出来，不同思维方式往往是纵横交错地存在和发生作用的，其中既有预示后来的先兆思维表现，又有先前思维方式的作用表现。这反映出思维方式的多元性及其相互渗透的关系。阐述某一时期的某种创新思维方式，并不意味着否定其他方式的存在和作用。鉴于历史活动的复杂性，我们对历史形态创新思维方式的追述和研究，既不可能是按顺序的直线性描述，也不可能面面俱到，兼收并蓄，只能就其主要脉络抓其主导，以那些创新价值和社会影响较大的主流形式作为分析对象，并且努力体现其历史轨迹。

随着社会进步和科技发展，创新思维的作用越来越突出。社会现代化程度越高，创新对于社会的发展、事业的成功就显得越重要。可以说，在创新的时代，一个国家、一个区域、一座城市要在竞争中胜出，离不开创新；一个人要在竞争中胜出，也离不开创新。历史上有成就的创新型人才，无一不是勇于创新者。创新型人才的思维，就是不断怀疑既有知识甚至权威结论。

创新思维就是让人保持一种永无止境的追求。创新思维研究中人们常引用一个"温水煮青蛙"的故事，这个故事看似简单，但其意义是深刻的：面对外在环境的变化，不仅不适者会被淘汰，即使是"适者"在很多时候也可能会遭受致命的打击。因为如果我们对外在的环境变化反应迟钝，不改变现状以适应外界变化，就会在看似适应中被时代所淘汰。在竞争日趋激烈的时代条件下，不创新就是死亡；创新能力不强也会被淘汰；而创新是永葆生机的源泉。

成功者的道路有千千万万条，但总有一些相同之处。创新之路不是平坦的大道，在创新的遥远路途中，充满着艰险。等待、失败、绝望是创新路上常伴左右的伴侣。为了取得创新成功，有时甚至要付出很大的代价，有时甚至是必须随时准备自我牺牲，要有献身的勇气。因此，创新思维不只是停留在"思维"层面，还需要去做、去实践、去实施。所以创新型人才要进行科学的创新思维，不仅需要必要的智力水平，也需要许多非智力因素方面的素质，如坚忍不拔的意志、百折不挠的毅力和迎难而上的勇气。

创新思维的形成，一方面，需要创新者敏锐的洞察力和独特的知识结构。有敏锐的洞察力，才能独具慧眼，敏锐观察事物的本质，揭示事物的规律，才能抓住机遇，做出创新。有独特的知识结构，才能对各种知识成果进行科学的分析与综合，从中选取智慧精华，并通过巧妙结合，形成新的成果。另一方面，创新思维的形成还需要不迷信权威、不盲从传统、敢于面对困难、勇于献身的大无畏精神。真正的创新思维与追求真理是内在的统一，只有将这两者有机地统一起来的创新者才能体现创新者创新思维的人格基础。

说到底，创新思维的产生和发展与实践密切相关。

第一，创新思维来自人们认识世界和改造世界的社会实践的需要。这种社会实践包括人们能动地改造世界的一切社会性活动，其相关需要也是极其广泛的，在每个领域都需要创新思维。譬如，几何学产生于丈量土地的实际需要。当初，尼罗河水每年泛滥一次，冲没了原有地界，于是在河水退去之后，人们就要重新划分土地，正是这每年一次的土地丈量的实践，促进了几何学的产生。在今天，实践的需要可以是改革与发展中的宏观、中观层面的问题，也可以是微观层面的问题。在经济全球化的背景下，现代化建设以及在与世界接轨的过程中，在引进国外先进技术和资金的同时，也引进了新的管理方式和管理理念，在实践方式逐渐向智能化、宏观化和整体化发展的过程中，新情况、新问题层出不穷，不断呼唤并催生创新思维，其表现也是多方面的，如既可以是新制度的出台与实施，也可以是新的科学发现、新技术的发明、新产品的研发、新观点的阐述、新理论的建立等，即涉及观念创新、科技创新、理论创新、制度创新、教育创新、文化创新等领域。

第二，创新思维的发展是实践的推动。人们在进行创新活动的过程中，不能仅停留在思维层面孤芳自赏，还必须付诸实施，参与社会实践，不去实践的创新思维不仅容易枯萎，而且失去了它存在的意义。创新思维只有根植于客观实际，内含着客观必然性，才能结出丰硕的创新之果。比如，没有生产管理实践的需要，泰勒的科学管理理论就不会出现。同样，没有管理实践的进一步发展，泰勒的"古典管理理论"不会被他人不断发展，也就不会出现后来的"人际关系学派""科学学派"等新的管理理论。创新思维总是在实践提供给它的机遇与挑战中发展的。通信网络的发展也是如此。随着经济的发展，全球一体化趋势加强，人类的交往越来越密切，这就为"通信"提供了用武之地，但同时，也给它带来了压力，即通信观念需要变更，通信技术和设备需要更新和提高。正是实践及其压力，使得人们开动思维机器，发明了光线通信、移动电话，通信网络经历了从1G、2G、3G、4G到5G的发展，离开了现实的社会需要，这一切都是不可想象的。

就个体来说，没有现实的生活，业已具备的思维能力也会衰退，如有些企业前领导人，退出了竞争激烈的经济生活实践，他们当年的市场敏感性和创新思维能力可能就会大打折扣。因此，只有在实践中才能有效地促进创新思维发展，没有实践，创新者的思维发展就将失去动力，就无法取得真正的创新成果。

第三，创新思维的成果要接受实践的检验。如上所述，创新思维是在实践基础上产生和发展的，同时，创新思维又是通过实践反映出来的，因此它必须通过实践来检验，看是否符合客观实际、符合规律。在一般情况下，创新思维成果的评价尽管在形式上一般是由委托方委托第三方专业评价机构进行，采用专家评价（如鉴定、评审、评估、验收等）的方式进行，但是，创新思维成果只有在实践中才能检验其正确性及其价值大小，也就是说，创新思维成果最终只能在实践中接受检验。所以人们对待创新思维成果的基本态度是，经过实践检验，是正确的，就应该得到宣传、推广和应用；是错误的，则应该得到修正和完善。在改革开放不断深化的现实条件下，当今人们不仅要在理论上真正理解"实践是检验真理的唯一标准"，而且要善于将其贯彻在工作实践中。比如某些重大改革方案、重大决策制定前，首先必须进行大量深入细致的调查研究；在全面实施前，先要在小范围内进行试点，从实际中找出不完善的地方，根据实践做出修改、补充、完善，如此这般后，才能推广实施。只有这样，才能进行创新思维，从而取得创新成果。

二、创新思维的基本内涵

在现实生活中，对于思维人们并不陌生。但一般人平时用到的思维更多是常规性思维，而不是创新思维。创新思维与常规性思维具有不同的思维品质，首先，两者的性质不同。常规性思维是遵循既定的思维模式，对重复出现的常规性问题的解决模式，其所追求的是确定的规则、解决问题方法和进程；创新思维则不同，它是一种开拓型思维，遵循创新的思维模式，其解决的问题可能不是重复出现的，即使是重复出现的问题也是采用创新的方式去解决，其所追求的是超越、突破，追求独到的新颖性。其次，两者的思维形态也不同。常规性思维是循规蹈矩、按部就班、平稳不息的思维，创新思维是打破常规、冒险进取、富有跳跃性的思维。

什么是创新思维？

这一定义的基本含义有：①创新思维的基础是指创新型人才已经掌握的知识和经验。一定意义上讲，知识和经验影响着创新水平的高低和成果的大小。②创新思维必须尊重事物发展的客观规律，避免盲目性。③创新的结果必须是新观念、新思想、新方法、新成果。④创新思维是一种高级的、综合的、复杂的思维活动，既源于一般思维又高于一般思维。

其特征或是某种有意义的"综合"，或是对某个个体具有新颖性。人类作为大自然的一部分，天生具有创新的禀赋，具有认识自然、社会，改造自然和社会环境，创造新世界的能力。所以，广义的创新思维是大多数人都有的一种能力或潜能。可以说，每个正常的人，都或多或少地具有程度不同的创新思维能力。

狭义的创新思维则往往以优见长，属于高层次、创新性解决问题的思维活动，是创新思维中的精华。其特征或是具有独创性，前所未有，或是对社会发展和科技进步具有推动作用，或是具有重大社会价值和社会影响。从这个意义上讲，狭义的创新思维往往为少数创新型人才拥有。狭义的创新思维是在广义的创新思维的基础上发展起来的。也就是说，尽管创新思维是高级的、综合的、复杂的思维活动，但并不是神秘莫测、高不可攀的，并不是少数所谓的天才人物才有的稀罕物。

目前学术界对"创新思维"尚无统一的界定，一是研究者研究目的、研究视角有很大的不同，因而在表述上有一定的差异；二是因为这方面的研究至今还不够深入，有不少相关问题有待探索。

基于以上分析，创新思维是指创新主体在探索未知领域的过程中，在社会需要的推动下，以已有的知识、信息和实践经验为基础，充分发挥主观能动作用，综合运用相关思维形式，以灵活、新颖的方式和多维的视角探索事物运动规律或创造性地解决问题的思维活动。

三、创新思维的基本过程

一般来说，从科学发现到新学说的创立，从技术发明到新产品的开发，创新思维从准备、孕育、明朗到验证，总要经历一个反复思索、潜心研究的过程，甚至还要经过一段较长时间的实践检验，最后才能确认。对创新思维过程，目前也还有不尽相同的认识。如科学大师彭加勒（J. H. Poincaré）就认为，创新思维可以分为四个阶段：收集—酝酿—发想—证明；当代创造工程权威奥斯本（A. F. Osborn）认为，创新思维可以分为三个阶段：寻找事实—寻找构想—寻找解答；美国哲学家杜威（John. Dewey）提出了思维的五个阶段：暗示—待解决的问题—搜集事实材料—推理—检验假设。英国动物病理学家贝弗里奇（W. I. B. Beveridge）教授认为可以分为五个阶段：收集资料与描述—分类—假说—检验—公布。诸如此类的说法都反映了人们对创新思维过程中不同阶段的不同体验。以下重点分析英国学者华莱士（G. Wallas）的观点。

华莱士是较早系统研究这一问题的学者，其观点也具有较大的影响力。华莱士出版了《思想的艺术》一书，通过对一些发明创造者自述经验的研究，在借鉴、吸收前人研究成果的基础上，提出了创新思维过程的四个阶段：准备阶段—酝酿阶段—启发阶段—检验阶段。

华莱士的观点是有一定的科学价值的。创造性解决问题比常规性解决问题有着更为复杂的心理活动过程，因此在它的运行中有着独特的思维活动程序和规律。

先看准备阶段，也就是有意识、有目的地努力的时期。在这一阶段，创新者应该努力创造条件，广泛收集资料，有目的、有计划地为所规划的项目做充分的准备。为了使创新思维顺利展开，不能将准备工作只局限于狭窄的专门领域，而应当有相当广博的知识和技术准备。

而到了酝酿阶段，犹如酒的发酵过程，主要是对准备阶段精心收集的资料、有关信息进行消化和吸收，在此基础上，找出研究问题的关键点，以便提出创造性地解决问题的相关思路与策略。假如直接的解决方案不能立即得到，不知不觉中人的潜意识活动起来，酝酿阶段随即来临。创新者的观念仿佛处于"潜伏"状态，但创新活动中创新者的思维并没有因此而停顿，在这个过程中，容易让人产生一种全身心投入的"沉浸"状态，如"牛顿把手表当鸡蛋煮"就是典型的钻研问题时的"沉浸"状态。

而启发阶段就是所谓顿悟期或灵感期，不要小看这个看似非逻辑的"顿悟"或"灵感"，其对创新的影响有时非同小可。这是经过充分的酝酿之后，在头脑中突然跃现出新思想、新观念或新形象，进入一种豁然开朗的状态，使问题有可能得到顺利解决。在这一阶段中，因意想不到的闪电般的"顿悟"或"灵感"的光顾，百思不得其解的问题得以迎刃而解。这种现象往往被描述得颇为神秘。

至于验证阶段，则主要是把通过前面三个阶段形成的方法、策略，或是从逻辑角度在理论上让所形成的方法、策略更周密、正确；或是付诸行动，经过观察、实验而使所形成的方法、策略取得正确的结果。这是一个否定的循环过程。通过不断的实践检验，从而得出最恰当的创新思维过程，以求得到更合理的方案。这一阶段的思维更具有逻辑思维的特色。

客观地讲，华莱士理论中的启发阶段即所谓顿悟期，是颇值得深入探讨的。在创新者的创新过程中，经过准备阶段、酝酿阶段，便进入启发阶段，即顿悟期。在理论上讲，顿悟的出现是跨越逻辑的。这是因为，首先，新观念、新思想、新方法、新成果的形成是创新能否取得成功的关键。新观念、新思想、新方法、新成果最初总是以隐性知识形态出现的，所以新的隐性知识的产生是决定创新者创新成败的关键。其次，创新需要各种类型的创新要素，如物质的要素、创新者知识或经验的要素和创新者创新思维的能力。一般地讲，最初以隐性知识的形态出现的新观念、新思想、新方法、新成果，在创新活动中只能自发地和潜移默化地发挥作用，而创新活动中顿悟的出现也只能是一个自发的非逻辑的过程。对于任何创新者来说，完成创新的启发阶段都不是一件容易的事。既然创新活动中顿悟的出现是不受个人主观意图支配的自发的、非逻辑的过程，那么作为当事人的创新者就只能尽力而为，结果如何，只能顺其自然。再次，要实现启发阶段顿悟的出现产生的新观念、新思想、新方法、新成果，除了需要调动创新者脑中存储的显性知识外，还需要调动创新者脑中存储的隐性知识，需要调动的隐性知识包括与专业有关的隐性知识，也包括锐意创新的思想与观念取向等精神因素。

在创新思维过程中，通常都会有这样一段时间，在这段时间里，大脑处于无意识状态。在此之后，原来使人感到困惑的问题，忽然一下子变得简单明了，作为当事人的创新者有一种豁然开朗的感觉。对于这种豁然开朗的感觉，当事人感受不到其间有任何有意识的脑力活动发生，更意识不到它所经历的步骤。当事人只记得这种豁然贯通的感受，却记不得有任何有意识的思维活动发生，这就是所谓"顿悟"。顿悟的发生很可能是因为主意之间潜意识的连接配合得恰到好处，于是就突然进入了意识层，这就像被按在水下的浮子，一旦被放开，就窜向空中。

对于酝酿期间发生的事情，认识角度的解释和心理分析一样认为，尽管我们没有意识到，即便我们睡着了，大脑仍在处理各种信息。区别在于，认识的理论并不指向任何潜意识。在无意识的中央并没有希望通过伪装的好奇得到解脱的创伤。认知心理学派的理论家认为，脱离了意识方向的思想会遵循简单的结合规律。它们或多或少随意地进行组合，虽说思想之间看来不相干的组合也许会作为先前结合的结果而产生：比如德国化学家奥古斯丁·凯库勒（Augustine of Hippo）看着火炉里的火花在空气中转圈时睡着以后，他的脑子里出现了顿悟，觉得苯的分子结构也许像一个环。如果他一直醒着，也许会觉得火花和分子的形状之间有联系的想法很可笑，从而拒绝这种想法。但在潜意识中，理性无法解释思想的组合，因此，当他醒来后也就无法忽视这种可能性。根据这种观点，真正不相干的组合会从记忆中解体消失，只有那些富有生机的组合才会生存足够长的时间，使它们得以在意识中冒出来。

第二节 创新思维的基本特征

一、新颖性

新颖性是创新思维最主要的特点。创新思维的最根本要求就在于出"新"，在思维中没有新东西的产生，就不是创新思维，只能算作常规性思维或习惯性思维、重复性思维。创新思维的新颖性是指它是创新型人才在思维上的一种独特的创新，这种独特的创新往往既指在针对特定问题的解决过程中能提出新颖独到的见解，又指能按照独特的思维方式首创前所未有的事物。作为创新思维的特征之一，创新思维的新颖性也泛指创新型人才在解决问题的过程中能为社会提供新颖的、富有开拓创新精神的思考问题的理念、思想、方法或创新成果，往往是创新型人才综合运用创新素质创造新颖的、独特的境界。创新思维作为新颖的、独特的思维过程，其新颖性还体现在它能解放思想，挑战陈规戒律，对待传统和习惯，不是简单的因袭相传，不循规蹈矩、按部就班，敢于对常规做法或传统模式大胆怀疑，有锐意进取的精神境界，善于打破原有的思维框架。具体到社会实践中，创新思维的新颖性表现为：既善于从原理上对前人有所突破，从方法上有所更新，又包含着创新主体对事物和现象的创新思考。

创新思维的新颖性特征，反映了创新思维中三种"因子"所起的作用：一为

"怀疑因子",这是由创新意识提供的,表现为敢于对现行状况和传统模式提出怀疑,或者对人们习以为常的现状加以挑剔,提出更高的理想目标;二为"自信因子",即有坚定信念和信心,相信坚持不懈地努力定能成功,即使遇到旧的传统势力的强大阻力也决不退缩;三为"自变因子",即能够随着客观事物的发展变化,及时改变自己的立场、观点和方法,使之适应新的发展趋势。

二、超越性

创新思维的超越性是指创新者在创新过程中,其思维超出已有的认知范围而达到新的认知水平,在前人的基础上超越前人。这种创新思维的超越性是一种引领发展的超越性、面向未来的开放性。创新思维的超越性是相对于传统思维和传统认识模式而言的。在发展过程中,人们不断面对新情况、新问题,要在创新中解决这些新情况、新问题,思维必须具有一定的超越性、超前性,既立足于现实,又着眼于未来,并用未来量度和组织现在。在这里,超越的含义是十分广泛的,如超越已知、超越常规等。

创新活动需要创新者善于克服已有的思维模式和认知障碍,创新思维模式,超越一般的思维逻辑及通常情况下人们习惯遵循的实践进程。创新思维的超越性表明,创新思维是一种突发性的超逻辑、非逻辑、非常规思维。创新思维的超越性的表现形式是多样的,如超越时间、超越位置、超越方向。所谓超越时间,实质上就是创新者在创新活动中超越研究对象的当下状态,某种程度地跨越时间进度,跨越常规性思维的固有步骤,加大思维的跳跃性,用发展的眼光观察问题、分析问题,进行前瞻性思考;所谓超越位置,就是创新者在创新活动中超越当下特定的物理位置和心理位置,从不同的视角和立场去理解和认识事物,进行必要的换位思考;所谓超越方向,就是从习惯性思维相反的方向来分析和研究问题,另辟蹊径,进行科学的逆向思维,走出新的路径。

没有超越就不可能产生新颖独特的思维成果。创新思维的超越性在很大程度上也反映了创新思维是自由的思维,不能简单地下指令、定计划,它应该遵循创新的逻辑和思维的规律,它可以借助想象;自由飞翔,纵横驰骋,不受约束,不迷信、不盲目服从任何权威。如果一切照章办事,服从已有权威,那就不可能出现创新。超越性体现了创新思维的固有魅力,创新思维是独立自主的思维,也是自觉自由的思维,这就使它能突破前人,超越常规,产生新的思维成果。

三、突破性

创新思维的突破性是指创新活动中创新者打破思维定势，突破旧观念、旧传统、旧界限、旧体系、现成的模式、习惯性的方法的束缚，突破固有的逻辑规则和思维习惯，从新的角度来定义问题、分析问题和解决问题的思维特征，这种突破性富有创新，开拓了新的思维空间。没有突破性，就不能算是创新思维，甚至根本不可能进行创新思维。

人都生活在某一特定的现实的社会环境中，因从事某一种具体的职业和特定的工作，一定程度上已经形成了某种心理特征。当我们通过应用自己擅长的某种理论、方法，采用自己常用的思维方式和经验，成功地解决了一个问题或完成了某种任务时，常常会很自然地将这种理论、思维、方法作为自己今后解决其他问题时的惯用方法、惯用思维方式，而很难再用其他理论、思维、方法去进行探索和研究，这种思维现象通常就称为思维定势。思维定势常常会成为创新思维发展的障碍。事实上，许多人都会有这样的体验，当自己思考一个新的问题，希望能取得新的突破时，常常是想来想去，不知不觉地又回到原来的思路上去了。一般来说，在创新过程中人们往往面临许多具体的问题，思维定势往往会对创新活动形成一些障碍，突出地表现在三个方面：一是知觉障碍。主要是自身的知觉障碍，如思维定势的影响，习惯思维的束缚，成见，甚至偏见，囿于某种固定的反应倾向，思维、知觉场收缩，限制了自己创新思维的发现和发展。二是文化障碍。主要是知识障碍、迟缓障碍、迟滞障碍，传统观念、固有的界限、现成的体系，模式与方法等，对新知识、新科学技术不甚了解，凭自己固有的知识、文化、经验来判断，迷信经验或权威，从而抑制了自己的创新思维。三是情感障碍。主要是存在惰性，过于计较得失，怕犯错误，害怕失败，怕担风险，缺乏自信，过分谨小慎微，不敢独树一帜，胆怯，懒惰，这些情感障碍常常抑制人的创新活动。

客观事物复杂多变，又处在发展过程中。人一旦形成了思维定势，就不易对不断变化的客观事物做出正确的判断，因此，在很大程度上也很难提出富有创新精神的正确的措施和对策，或者由于创新的新颖和与众不同，迫于从众心理而抑制了创新思维，这是必须要突破的。所以我们在创新活动中，应尽可能摆脱思维定势对自己思维活动的束缚。

创新思维作为一种超越传统思维模式的高级思维方式，在很大程度上要求创新者根据所研究的具体问题，从创造性解决问题的视角，勇敢地突破固有的知识、经验和逻辑的局限。一般来说，新事物是从旧事物开始的，是从旧事物发展而来的，是对旧事物的突破和超越。创新思维是在思维过程中，对人们原有的知识结构、思维定势、感性材料及其关系的突破，是创造性地对原有知识、思维方式、材料、信息有所取舍，改变其结构关系，实现信息的重新组合。客观地讲，这种突破往往是不容易的。创新思维就是要突破传统的思维定势，打破它对创新者头脑的禁锢。不仅要突破自己头脑中的思维定势，也要突破社会的成见和偏见，突破大家公认的但可能已不合时宜的某些结论和看法。

创新思维的突破性往往体现在创新思维主体敢于挑战权威，不畏强权，坚持真理，大胆求异，勇于突破，不断突破传统思维模式，破除习惯性思维的影响。在人类创造新技术、新理论、新成果的整个过程中，没有积极求异，没有突破，就没有创新。

四、敏捷性

创新思维的敏捷性是指创新思维主体敏于觉察事物，对问题或不显眼的异常现象具有较高的敏感度，善于从大多数人认为正常的现象中发现异常，具有善于发现缺漏、新的社会需求、不寻常的问题的素质，积极、周密思考，准确判断，能在短时间内迅速调动思维，当机立断，迅速、准确地分析问题和解决问题。随着信息时代的来临，社会中信息传递、加工、储存速度加快，"时间"成为人们十分珍惜和看重的资源，"效率"作为一个物理学概念早已经移植到管理学中并被赋予了许多新的意义。因此，在瞬息万变、新生事物层出不穷的信息社会，在任何一个领域要有所创新，都要求人们具备这种创新思维的敏捷性，善于对急剧变化的情况做出敏捷的反应和决策。

这种创新思维的敏捷性还表现在善于用熟悉的眼光看陌生的事物。例如，平常的事物里隐藏着大量的问题，只要我们细心观察，善于在人们熟视无睹的大量重复出现的地方寻找共同的规律，或在别人不曾注意的某些环节敏锐地发现问题，就会有超乎人们想象的创新。可见，创新思维的产生是在细心观察的基础上敏捷思考、准确判断的结果，所以创新思维的敏捷性不是天生的，而是可以训练的。

五、预见性

创新思维的预见性，指根据以往的经验和事物发展的内在规律，对事物发展的未来趋势和状况预先做出推测的思维特征。就是既看到过去，总结现在，又看到未来，把握事物发展趋势，对事物发展做出预判。创新思维的预见性决定于思维的间接性和概括性特征，思维是依据已有事实对客观事物本质的间接性的和概括性的反映。要发挥创新思维的预见性，要求思维主体对客观事物的发展规律及现实情况进行科学的分析和深刻的把握。现代科学技术的发展，为我们对现实情况的了解和预测，提供了越来越多的方法和手段，如预测学、数理统计、未来学等。创新思维的预见性强调在创新过程中，创新者面对具体问题的困扰，既有"近忧"，又有"远虑"，从而增强其解决问题的紧迫感和创新意识，同时提高以后工作预见的有效性和决策的科学性。创新思维的预见性品质对于科学决策来说十分重要，科学的预见能避免与客观实际悖逆的决策。预见性是创新的先导，是创新思维的重要品质之一，也是其活力所在。

六、现实性

创新思维的现实性是指人们在创新思维过程中，可以根据现实情况进行超越性或突破性思考。创新思维始终伴随着人们的创造，这个过程中不能没有丰富的想象。丰富的想象和创意往往又不断改造着人们头脑中对原有事物的印象，创造新表象。这赋予创新思维以独特的形式，如想象、创意等，即使是非常缜密的科学研究，也需要想象，甚至幻想。我们无论怎么鼓励新颖、超越、突破、敏捷、预见等，鼓励人们进行创造性想象，但基本的前提是从客观实际出发，以客观现实为依据，严格按照客观事物所处的现实环境和逻辑关系进行科学、客观的思维和判断，不能以理想、预判或前瞻代替现实。

根据唯物辩证法，现实性是与可能性相对应的范畴，现实性是指已经实现了的可能性，即实际存在的事物和过程。在社会发展和人类进步的过程中，社会需要的不断满足激发人们不断创新，成为推动社会发展的不竭动力，人类社会的需要是不断发展变化的，它会随着社会发展和科技进步不断从低级向高级发展，人们对美好生活的需要是没有止境的。因此，人类的创新思维也是没有止境的。可见，人类社会不断发展的需要是思维创新的根源。在已有的理论、观点、方法及社会现实（如制度、体制、规范等）不能适应人们在物质或精神上满足美好生活的某些需求时，人们就会自觉或不自觉地改变某些现成的、已有的东西，开展有计划、有目的的创新活动，以满足人们不断发展的新的需要。所以，基于这样的分析不难发现，由客观的现实需求而引发的创新思维，其现实性是极其明显的，甚至在很大程度上先天地带着求实的特征，它完全有别于人们某些脱离现实的空想。因此，可以说创新思维所进行的创新，绝非无源之水、无本之木，更非闭门造车、凭空捏造。创新必须植根于现实，其成果必须能够回到现实，并指导人们现实的社会实践。

现实性是包含内在根据、合乎必然性的存在，是客观事物和现象种种联系的综合。所以，要鼓励创新者进行立足现实的开放性思考。它要立足现实不停收集与现实问题相关的外界的新情况、新信息、新材料，突破原有的状态和思维壁垒，付出比常规思维更多的精力和时间，进行艰苦有时甚至是复杂而艰巨的调查研究，这样才能真正搞清现实性中所包含的内在根据、合乎必然性的相关因素，以及客观事物和现象联系的种种方式及其特殊性，使创新思维变成一种科学思维，让其思维成果接受科学的论证和实践的检验。

七、灵活性

创新思维的灵活性是指思维主体在进行创新活动时，其思维结构灵活、随机应变，思路能够及时转换、变通。创新思维始于问题的提出，终于问题的解决。换言之，创新思维的灵活性就是根据不同的对象和条件，具体情况具体分析，区别对待，灵活运用。创新思维的灵活性反映出创新者在创新思维过程中既有逻辑思维，也有非逻辑思维，既有自觉思维，也有非自觉思维，而且它们在创新思维过程中可以较好地统一于某一思维主体。创新思维的灵活性说明创新思维超越了传统思维的惰性、刻板、僵化和呆滞，反映了思维活动的变易性，缺乏思维灵活性的人就很难产生创新思维，也就很难有所创新。

创新思维的灵活性体现的是创新型人才的思维活动在智力活动，特别是在非智力活动领域的灵活性。具体说，包括以下几个不同层面：一是思维起点的灵活性，就是能否从不同的视角、层面提出问题、描述问题；二是思维过程的灵活性，就是用不同的思路和方法来观察问题、分析问题和解决问题，甚至是进行一些逻辑方法与非逻辑方法（如直觉、顿悟、灵感等）的组合与选择，从而灵活地进行创新活动的"综合性分析";三是方式的灵活性,就是善于进行概括和知识的迁移,概括往往能帮助创新者对问题的表面现象进行科学的"过滤"和"蒸发",从而找出表面上不同现象背后的某些共同本质及规律性的认识,并运用规律,实现知识的迁移。

创新思维是在一定的原则指导下的自由发挥和选择,所以,创新的成果他人可以参考、借鉴,但创新的精髓及灵活应变的能力却只属于创新者,这是无法照抄照搬的。也正是因为创新思维这一内在的东西不能被模仿,因此没有创新精神、简单仿照别人的人,就只能是亦步亦趋,跟在他人后面;而具有创新思维的人却能不断根据事物的变化,充分发挥创新思维的灵活性,及时转换思路,随机应变,及时从一种思路创造性地转换到另一种思路,使问题得到创造性的解决。

在很多情况下,人们的思维往往容易受常规性思维、过去的思维习惯的束缚,面对一些新事物,总习惯用"过去是如何做的"的框框束缚自己的思路,因此跳不出经验的圈子。创新思维的灵活性在很大程度上就是思维能够根据客观情况的变化而变化。

八、多维性

创新思维的多维性是指创新者在创新活动中,面对具体问题,在思考其解决办法和方案时不是只关注或抓住某种单一的因素,而应将问题放到特定的、历史的、具体的问题情境中,尽可能地把影响问题存在与发展的各种可能的复杂因素都纳入视野之中,善于多方位、多角度地观察和思考问题的品质。

创新者在思维上的多维性,具有充分的理论基础和现实可能性。创新思维是一种高级的、综合的、复杂的思维活动,往往表现为多元性、交叉性与联系性。创新思维在揭示事物变化规律的过程中,可以是正向的、逆向的、线性的思维,也可以是纵向的、横向的、平面的、立体的思维。在创新活动中,创新者一般都是进行多维思考,在思维过程中其思路纵横交错,犹如一张复杂的创新之网,思维之网上的任何一个交叉点、联结点都可以通过无数条思路之网线而相互联结,四通八达,从而在很大程度上超越了线性思维的单向性。创新思维的多维性在思维过程中常常表现为创新思路的丰富和拓展,表现为创新思维向多方位、多角度、多层面的发散。

发散性是综合的前提，由先发散、后收敛到综合是创新思维的明显特征，发散性是创新思维的重要品质之一。其实，在创新思维过程中多种思维形式会交替出现，类比思维、联想思维是创新思维的重要途径；逆向思维、换位思考是创新思维的独特思路；而超越思维则集中体现了创新思维的智慧所在。除此之外，还要运用许多非逻辑思维形式，如想象、灵感、直觉等，它们都是创新思维的重要因素，在创新思维中有着重要的作用。从一定意义上讲，单一的思维路径与认识模式，在创造性地解决问题的过程中都会存在明显的片面性，对所研究的问题的各要素加以分析整理、综合思考，才可能产生出新的思路，获得理想的创新结果。通过发散性思维，在思维上进行多维考量，可将前人的与现在的、国内的与国外的、合作者的与竞争者的等各方面的观点、意见和思路，在获取大量的事实、材料及相关知识的基础上，通过认真借鉴、综合运用多种思维方式，将思维的触角伸向多个领域进行探求，深入分析、找出规律，就能形成富有创新性的成果和丰富的独到见解，从而增强创造性地解决问题的能力。

创新思维的多维性在现实生活中的表现是多方面的。小到某一具体问题的解决，大到复杂的社会问题、国家战略、政策乃至全球性问题的解决，都离不开多维的创新思考。如第二次世界大战后的日本，为了重新崛起，采取了多项措施，注重各个方面的发展，如教育、文化、科技、农业、钢铁、电子、交通业等，总结自己的经验，吸收西方一切有利于自己发展的因素，广泛涉猎，多头并进，最终实现了经济的飞跃。

第三节　创新主体创新思维的培养

一、创新主体及创新思维的意义

（一）创新主体

这里所讲的创新主体泛指一切具有创新思维能力、从事创新活动的人。作为处在一定社会关系中从事创新活动的人，根据其创新思维存在的状态可分为三种基本类型，即人类主体、集体主体和个体主体。

1. 人类主体，即以整个人类为存在形态的创新思维主体

社会发展的每个时代都有它要解决的关系到人类生存和发展的重大课题。如当代人口、资源、环境、生态等一系列全球性问题，必须打破民族、国家的界限，联合起来，通力合作才能解决。

2. 集体主体，即以多个人为存在形态的创新思维主体

集体主体不是单个人的机械相加，而是按照一定认识目的以一定的形式组织起来的创新活动群体。集体主体中的个体通过有组织、有计划地彼此合作，可以超越个体主体思维的局限，实现对一些复杂的重大社会问题的认识和解决。

3. 个体主体，即以单个人为存在形态的创新思维主体

个体主体对客体认识的广度和深度，既取决于个人在生理和心理上的先天差异，更取决于后天实践中所形成的知识结构和思维能力，同时也离不开社会为他提供的创新活动条件和他在社会关系体中所处地位的制约。

在实际的创新思维活动中，三者往往互相交叉，互动互补。集体主体、人类主体认识活动要通过个体来实现，个体主体的思维活动只有依赖于集体主体、人类主体才能进行。

作为创新活动主体的人具有如下特征：第一，社会物质性。人首先是有生命的物质实体，这是人能够成为创新思维主体的自然物质前提。但是人能够成为创新思维主体更主要的是因为他是社会的存在物。人是在社会性的实践活动中进行创新思维的。第二，主观能动性。创新思维是一种有目的、有意识地探索事物规律，创造性地解决问题的过程，在这个过程中，个体主体的主观能动性表现在其不但能动地认识客观世界，而且在认识的指导下能动地改造客观世界。第三，社会历史性。人们的实践活动不是单个人的孤立的活动，作为个体的主体总是在其所处的社会历史条件和相应的实践水平下从事创新思维，因而人的创新思维活动必然受到社会经济、政治、文化等条件的制约。人的创新思维能力也能够随着社会实践的发展经过不断培养而得到提高。

（二）创新思维的意义

中国正在进行全面的改革开放，随着我国社会生活的重大变革，尚未被认识

的或认识尚不完全的新事物是一个非常广泛的领域。迎接这种新的挑战，必须变革原有思维方式，适应并推动社会变革，在新的社会需求面前，用具有创新性质的思维方式培养和造就大批聪明睿智、思维敏锐的创新型人才，成为时代的客观要求。

1. 就人类主体而论，创新符合人的本性，是人类生存和发展的需要

人类之所以能够成为社会文明的创造者和推动者，根本原因就在于人能够进行创新思维。正是创新思维，赋予人类不断发展科学技术的能力和创建社会文化的能力，把人类文明提升到一个又一个崭新境界。在人类的生存和发展过程中，人的精神和文化需求在不断提升，要满足人类不断增长的精神和文化需求，只能依靠不断创新，以创新谋求更为完善、更为先进的技术手段，以创造更高的文明成果。创新思维是人类进步、社会发展的不竭动力。

2. 就集体主体而论，创新思维是一个广泛的开放系统

它不断地吸收人类创造的一切文明成果，不断更新创新思维的基本要素"知识"，而不是闭关自守、故步自封。中国的改革开放就是一个不断扩大开放的过程，同时也是一个不断取得创新成果的过程。目前中国的开放将进一步扩大，在这样一个全方位的开放过程中，中国人的创新思维以及创新能力必然有一个大的发展。创新思维是以大量新的信息、知识、观念和能力为前提，以敢于否定过时、陈旧的知识、观念、技术和成果为基础的。在这个过程中，体制的创新对于创新思维障碍的扫除具有重要意义。创新活动作为人们的一种创造性社会实践，面对各种新情况、新问题，必然会产生不同于传统观念的新认识，而这些新认识必然又会受到旧思想观念和旧体制的束缚和制约，思维的创新要求改变旧体制，并为体制的创新做好准备。创新不是孤立的行为，而是与社会各个领域有机联系、协调发展的活动，一个良好的体制环境能有效地推动思维创新的发展。如中国社会主义市场经济体制的确立，就是中国共产党领导全国人民进行的一项伟大的体制创新，这种创新远远超出了经济领域，不仅带来了社会生活各方面的变革，更为创新思维的发展提供了良好的社会环境。短短几年，人们对社会主义本质的认识发生了变化，对一部分人先富起来和共同富裕的认识发生了变化，对分配制度的认识发生了变化，对所有制结构的认识发生了变化，等等。这些变化是体制变化冲破旧思想、旧观念桎梏的结果。

体制的创新还在很大程度上有利于巩固理论和实践创新的成果。体制创新之所以与思维创新具有同等的重要性，是因为离开了体制创新，创新思维就没有了实践的保障。一个好的思路或决策，若缺乏制度层面的具体安排，也就难以有效落实和发展。我们不仅要深刻认识思维创新的重要性，更要通过具体的制度安排来保证思维创新的有效实践和可持续发展。

随着创新驱动战略的实施和创新型国家建设的逐步推进，创新思维逐步结出创新之果：在经济领域，创新增添力量，使经济主体在竞争中得以取胜；在科技领域，创新激发智慧，推进科技不断迈向新台阶；在教育领域，创新培育人才，促使新思想、新观念及拥有新本领的人才辈出。只有进行广泛的改革开放，有了大量新的知识和信息的涌入或碰撞，人们才能够及时看到自己某些方面的落伍，才会产生危机感和奋起直追的勇气。所以，从这个角度讲，没有改革开放就不可能有今天的思维创新和实践创新。

3. 就个体主体而论，创新是不断推陈出新的过程

如果个体不创新，他就难以与发展着的社会相适应。至于个体主体创新的具体目的和动机，可能存在较大差异，但创新的本质是为了解决问题，务实是创新的根本和出发点，创新过程就是务实的过程。尽管思维活动可以异想天开，但最终只有落到实际层面才能真正体现创新的价值。创新就是要善于把握问题的实质和规律，要切中要害，解决问题，就像打靶一样，不苛求子弹能飞出美丽的弧线，关键是看子弹能否打中靶心。创新可以是纯理论的课题，但不应仅是纯理论的课题，更应是针对社会需要的实践性的课题。

对于个体而言，创新思维已经成为成功的必备素质，创新型人才要站在时代的前列，成为事业的成功者，是离不开创新思维的。遵循思维规律，掌握创新思维方法，开发创新思维能力，构建创新思维方式，是育人成才、事业成功的内在逻辑。创新型人才的创新思维给社会以巨大的正能量，有创新思想、敢于不断创新的创新型人才才能走向人生的新境界。掌握了良好的创新思维方法，很多问题都能得到解决：一个小孩可以用它来解决捏泥巴时遇到的难题；一个程序员可以用它来解决复杂的编程问题；一个企业家可以用它解决企业产品研发与销售问题；一个教师可以用它来解决学生的发展与成才问题；一个外交官可以用它解决国际纷争问题。换句话说，尽管小孩、程序员、企业家、教师和外交官所遇到的

问题各不相同、千差万别，但是他们在解决问题时只要能结合自己所面临的问题进行创新思维，问题或许都会迎刃而解。

二、创新思维的培养

（一）要善于发现创新需要

人们行为动机的产生常常是需要的结果，无需则无欲，无欲则无念，无念则无举。因此，要激发创新思维，创新需要是导向，挖掘创新需要是非常关键的一步。这里的需要，有不同的情况，既包括现实需要和潜在需要，也包括精神需要和物质需要，还包括短期需要和长期需要，自我需要和社会需要。创新型人才正是为不断满足各种需要和憧憬美好的未来而努力创新。因此，善于发现创新需要是培养人们创新思维的一个重要步骤。需要源于生活，有创新能力的人往往能发现当前紧迫或预期的需要。

（二）要善于激发创新动机

创新需要不一定会自动地转化为创新动机，这个过程需要创新者拥有良好的创新心态，积极主动地去激发创新动机，将其转化为创新欲望，成为强有力的创新动力，这种创新欲望往往来自人们对生存、发展、享受的需要和好奇心的满足。虽然创新思维是每个人都有的能力或潜能，但并非每个人都能充分地挖掘它，并很好地运用它。在传统思维和常规性思维主导下，大多数人的生活与工作是循规蹈矩、按部就班的，他们一生中较少冲破习俗、规则、书本、上级、权威等现成的行为方式、思维方式、观念、现成结论等的束缚，更不敢轻易越雷池半步。他们没有很强的创新欲望，没有很强的创新思维动力。更有甚者，不仅自己不愿进行创新探索，不愿进行创新思维，他们还将那些善于进行创新探索和创新思维、创意丰富的人视为另类，觉得他们不可思议。因此，这样的创新动机状况是应该加以克服的。

培养具有创新欲望的个体主体，是激发创新动机的题中应有之意。然而，如何有效地激发个体主体的创新动机是很值得引起重视的。譬如，在以人为本的管理中的激发个体主体创新动机的方法还是值得关注的。首先，强调实现人的自我价值作为个人所追求的奋斗目标，应成为一个有价值的人，对社会有贡献的人，有创新能力的人，令他人感到合情、和谐的人。其次，追求正确的人生取向，在工作中追求正确的服务方向，要求明确为谁而工作，如何创造性地完成任务，怎样在工作中利用成功的经验、提高工作效率，怎样在工作中体现自己的创造性与和谐风格。再次，追求个人的经验、知识、信息、资源的合理配置，强调依靠正确、科学、合理、系统化的思维方式来进行分析、综合、处理、应用，以产生最佳的社会效益、经济效益。

（三）要善于进行超前思维

"凡事预则立，不预则废。"超前思维之所以可行，是因为事物是可知的，其发展是连续的，并且有一定的相似性。相似是自然界、人类社会和思维过程中的普遍现象，不但同类事物有其共同之处，在看上去相差很大的事物之间，也经常可以发现惊人的相似之处，超前思维就是建立在事物相似的基础之上的科学预见。超前思维在大的方向上可以是基本正确的、准确的。超前思维有一种最便捷的运用，便是借鉴思维。人类发展和进步的规律有其普遍性，不同国家和民族发展阶段存在的差异为这种借鉴提供了可能。一般而言，在经济发展方面，发达国家的发展经验对我国沿海发达地区的发展具有借鉴意义，沿海发达地区的创新探索又能为中西部地区的发展提供某种参考和借鉴。思维活动以此展开便会推演出一系列结合所在地区客观实际的超前思维，在学习和借鉴中创新。其实，在现实生活中，人们在认识一个事物或现象时，应该思考、预测还没有被人们认识到的与这一事物或现象相关或由此引发的事物或现象。许多发现就是经过这样的假设、验证后获得的。有眼光、善思考的创新者往往会抓住时机，对不同的发展趋势进行科学预测，并采取相应的对策，抓住发展机遇。

培养超前思维，首先，必须用知识武装自己，博采众长，多多学习，了解世界上各种各样的现象。用知识武装头脑，为超前思维提供必要的基础，这样我们才可能有超前思维的可能性。其次，现代社会计算机的普及，使得信息的传递突破了以前的框架，一些发明、创新的信息会立刻为我们所知，从而有了进行比较的可能，查阅资料等相比以往也便捷得多。再次，要有自己独特的思想，要敢于怀疑，有一定的批判精神，形成自己客观的见解和判断，可以进行超前思维，较早地确定有意义的发展趋势，确定有价值的领域，进行创造性的研究和探索，同时要有心理准备，有些新的见解和判断可能不被别人接受或认同，因为超前思维一定有不同寻常之处，所以要坚持下去，这样方能风雨之后见彩虹。

（四）要善于进行竞争思维

创新思维是一种竞争思维。强烈的竞争意识应该是创新思维的一个重要特征。在市场经济条件下，科学技术日新月异，社会发展节奏日益加快，竞争无处不在、无时不有。"制胜""超越""领先""卓越"这些与竞争相关的词已经成为当代颇为流行、时髦的词汇。所以，培养竞争意识和竞争思维非常重要。没有竞争意识就没有创新意识，没有创新意识，创新思维活动就不可能进行。同样，没有了创新思维，竞争也就成了"无源之水、无本之木"。在这种时代环境下，每个人都希望自己全面发展，在竞争中取胜，谁都不希望自己落伍。其实，人生就是竞技场，生命的意义在于创新，人生的价值在于拼搏。小至一个个体，大到一个国家，竞争都是关乎前途命运的主旋律。不善于竞争，就无法生存。竞争促进个人、国家和人类发展，发展又会加剧竞争。

对个体来说，人生有限，而能力又有一定的倾向性，一个人只有集中精力于有限的领域，才能保证自己有更多的生存和发展机会，因此，思维方式就成为至关重要的决定因素。竞争促使人类思维高度发达，竞争思维成为人类思维的主导方向。在现实生活中，战争中的你死我活是最典型的竞争思维。随着社会的发展，人们利用竞争思维的领域越来越多，也日趋复杂。如在经济领域，有企业竞争、产业竞争、区域竞争、国家竞争等，涉及市场、科技、人才、创新等方面。对个人而言，职场、生活、学习、教育等领域也存在竞争问题，少不了要科学合理地使用竞争思维。

竞争思维，是人类从竞争中发展出来的一种思维导向。一般可分为两种：狭隘的竞争思维与竞合思维。所谓狭隘的竞争思维，是指总的资源是有限的，你得到的，就是我失去的，类似于零和游戏，环境中的个体处于激烈的竞争关系之中。崇尚这种思维方式的人，容易形成自私、偏狭、孤僻、冷漠、麻木的个性人格。尽管这类思维方式者可能很勤奋、很努力，但活得很艰难，他们往往与同一层次的人竞争激烈，与周围和社会矛盾冲突较多。

而竞合思维却有别于狭隘的竞争思维。"竞合"这个词是由美国商界人士发明的：co-competition，也就是competition（竞争）和cooperation（合作）的合成词，这个词虽然诞生不久，但却迅速风靡整个商界，并蔓延到其他领域。随着时代的发展，合作意识作为一种理念渐渐深入到各个领域中，传统的竞争模式正被一种新的理念和思维方式所取代，这就是"竞合思维"。竞合思维的出现，改变了人们对竞争的认识，使之成为智者的双赢之道，秉持竞合思维方式的人，更容易与人合作，实现共赢，思维格局更大，不会局限于小的圈子，更大气，视野更开阔，心胸更豁达，当然也更容易拥有良好的人际关系和事业发展机会。倾向于竞合思维的人善于协作，这是许多成功的创新型人才的共同特性。

然而，当前社会上却存在着这样一种情形，有些家长已经适应了这个竞争的社会，狭隘的竞争思维根深蒂固。因此，不少人从小就接受这样的教育：要竞争，要取胜，要比同龄人强。"去幼儿园，可别叫小朋友欺负了，不用怕他们。""老师发水果，要挑大个的。"上学了，又被家长告知："要有竞争意识，别的同学问你问题，不要告诉他，他会了就比你强了。""合唱比赛有什么意思？得了第一名也不是你自己的荣誉，还是省点时间看看书吧！"一些年轻人就这样接受了畸形的竞争观念，逐渐成为不善于合作也不会竞争的自私者和极端个人主义者。这种现象是应该引起高度重视的。

（五）要善于进行逆向思维

逆向思维，是一种与常规性思维方向相反的求异思维。就是创新者出其不意，敢于在思维过程中"反其道而思之"，让思维向对立面的方向发展。因此，"逆向"思维可视为"反传统""反习惯"或"非传统""非习惯"的思维。人在进行思维活动时常常与熟悉的东西联系，往往不知不觉地按照常规性思维进行思考。当然，常规性思维不见得没有合理之处，它们往往也能得出正确的结论，但是要创新则往往难度很大。而且常规性思维还可能蕴含某些不合理、不科学的因素，长此以往，甚至可能出现某种"危险"，因此，在创新活动中需要大力提倡"逆向思维"。处在当代这样重大的转折时期，常规性思维更容易导致认识误区，甚至碰壁，此时尤其需要逆向思维。一般人的常态思维，主要属于常规性思维。这为培养创新型人才、培养人们的逆向思维提供了巨大的挖潜余地和拓展空间。

其实，在人类的思维方式中，最简单的思维方向是线性方向，它是由线性思维演绎而来的。逆向思维的特点之一是其突出的反常规性，它以反常规的方式提出问题，思索问题，解决问题，所以它提出的问题和解决问题的方式往往令人耳目一新，具有很突出的新颖性。逆向思维的特点之二是逆向性。逆向思维是以与常规性思维方向相反的方式去思考问题，所以，用常规方式无法解决问题时用逆向思维往往可以取得出乎意料的收获。

第五章 创新型人才的成长环境

第一节 创新型人才成长的环境因素

一、创新型人才成长环境的概念

就创新主体而言,无论是人类主体、集体主体,还是个体主体,说到底创新活动的主体是人。离开了人就没有创新活动可言,研究创新活动也就没有意义了。但是,人的本质是一切社会关系的总和,现实中不存在抽象的、孤立的人,每个人都生活在社会集体中,与周围环境有着千丝万缕的联系。因此,环境对人的创新意识、创新人格及创新思维能力的形成和发展都会产生非常重要的影响。过去人们关于人力资源开发理论的研究,在相当程度上对创新型人才与环境的关系关注不够,随着人们对环境管理理论,特别是生态管理理论的日益关注,人们终于意识到,无论是研究创新型人才个体的成长,还是探讨其群体的演变,都离不开环境因素。而且环境因素在创新型人才的研究中应该是一个不可忽视的重要因素。这主要是由于关于创新型人才的研究目前还是一个比较新的课题,所以关于创新型人才成长环境的研究成果目前也比较少。类似的研究大多称之为"人才环境"或与之相关的"人才生态环境"。这些相关研究,对研究"创新型人才成长环境"是有一定的参考价值的。

为了深入地探讨"创新型人才成长环境",有必要先明确"成长"的内涵。

成长是与人类行为紧密相关的一个核心概念,但成长这个概念的产生不是一帆风顺的。影响成长概念形成的因素主要有两个,其一是对人类自身成长阶段和现象的认识局限,其二是对成长这个词所应包含的内容的认识片面。关于第一个因素,人类对自身成长的认识是一个渐进的过程。最初的时候,关于人类成长的认识的全部内容几乎都局限于儿童的范畴之内。人们一度认为儿童与成年人并没有什么本质的区别，所谓的区别仅仅表现在躯体的大小上。关于第二个因素，以前人们关于人类的成长主要关心的是生理上的变化，这种变化到了成年期则渐渐趋于稳定或停止，老年期则主要是衰退和死亡，所以，关于成长的探讨大多到成年期就终止了。随着研究的不断深入，现在人们注意到，人类的成长除了生理上的变化之外，还包括认知、情感、行为、社会性等多方面的发展。因此，成长的研究就不应止于成年期，成年期和老年期都应作为人类成长的阶段涵括进来。"老骥伏枥，志在千里；烈士暮年，壮心不已。"与曹操所处的时代相比，今天人们的平均寿命大大高于从前，老年人整体的健康状况也明显好于以往的年龄相当者，离退休者还有漫长的人生之路。因此，可以将成长大致定义如下：成长指的是贯彻一生的过程中个体所发生的系统的变化。在这里，"贯彻一生"指的是人的终生，换言之，人的成长是有序的、持久的变化，而不是暂时的、相对的、零星的、变动的，比如情绪上的波动、思想上的暂时迷惘、行为或外表上的临时改变等等，这些都不属于人的成长需要研究的范围。

人的成长包括生理的、认知的、情感的、行为的以及社会的成长和发展，这些方面的变化互相联系，共同构成了人这个复杂的系统。尽管存在着历史、文化以及个体之间的差别，但人类成长是可以按照一定的标准来划分的。因为透过这些纷繁的差异，人们不难发现，人类的成长依然存在着许多的共同特征。尽管有文化、社会等诸多差异，同一年龄段的人仍然表现出了相当多的、不约而同的共同性。

实际上，作为个体而存在的人，本身是一个系统，包括生理因素和心理因素，可进一步区分为生物领域和心理领域，这两个领域有不同的特点。

就生物领域的情形而论，主要包括身高、体重、运动能力、健康状况、年龄等因素，侧重的是人在生理机能上的发展变化；生物系统常常在很大程度上影响人的成长，是人的行为必不可少的生理基础。生理因素的变化会影响心理因素的发展，比如人的健康状况、生理性变化往往会直接影响人们的情绪、认知和行为，这种影响还会进一步涉及人们的社会活动；处在不同发展阶段的人生理发育不同，这直接影响到了人们不同时期的成长特征，比如：婴幼儿、青少年、中年、老年，他们之间成长中的差别是很大的；当然，作为一个与人的成长密切相关的社会环境因素，遗传因素对人的成长的影响也是需要认真研究的，譬如人的某些疾病就具有遗传性。

而心理领域，主要包括认知、情感和行为。其中，认知又包括感觉、认识、想象、判断、记忆、语言和理智等因素，与此相关的知识、信念、意见也常被归入认知的系统。情感主要包括动机、需要、动力、欲望、感情和兴趣等因素。行为主要指的是个体外显的活动，心理是内在的、无形的，而行为则是心理活动的外在化，如工作、结婚、失业、人际交往等。心理因素对个体的影响是深刻的。在心理领域，认知可以帮助人们正确认识自己、认识他人、认识社会，从而正确处理自我与他人、与社会的关系。只有正确的认知，才能确保人们正常地行动和健康地成长；情感对于人类成长的重要性也日益引起人们的重视，随着社会的发展，生活节奏越来越快，生活空间越来越局促，人际关系需要协调，压力客观存在，抑郁症等精神疾病呈明显的多发性，爱、怨、恨、痛苦、绝望、孤独等情感带来的诸多现实的社会问题，说明了情感对人类成长的重要意义；行为的变化则是人们观察和研究的一个重要窗口，如恋爱、结婚、离婚、就业、失业、退休、犯罪等对人类成长的影响是不能不引起重视的。通过行为的变化，人们可以进一步推测认知、情感、生物以及社会因素的发展和改变。在人类行为的探讨中，人们往往更多地将目光投注于心理和社会的影响。

需要指出的是，人类行为本身也是相当复杂的，有不同的分类，可以根据是否符合社会文化标准将其区分为正常行为与偏差行为。一般来说，符合特定社会文化标准的行为是正常行为。在特定的社会文化环境中，大多数人有相似或一致的正常行为。正常行为不仅符合社会文化的要求，也符合在该社会文化环境中个人生理、心理和社会性发展的要求；同时，正常行为也是个人生理、心理和社会性平衡发展以及适应良好的标志。相反，不符合或者违反社会文化标准的行为是偏差行为。偏差行为通常与大多数人的行为不相似或不一致，它不符合在特定社会文化环境中个人生理、心理和社会性发展的要求；同时，也是个人生理、心理和社会性发展不平衡和适应不良的标志。

可见，成长、人类行为与社会环境是紧密相连的。实际上，在现实生活中，作为个体的创新型人才也会在不同程度上体会到自己生活于其中的环境在影响自身的创新行为、影响"我是谁"之类的问题。尽管每一个人都是独立的个体，但是作为独立的个体，没有一个创新型人才能与他人、与环境分离，实际上是从来就没有真正分离过。尽管作为独立个体的创新型人才各不相同，但是每一个创新型人才的生活与他人的生活，与环境中的多种因素、多种系统是相互交织、相互影响的。许多人自以为属于自己的东西实际上来自他人、来自环境。创新型人才对自己、对世界的认识既取决于作为独立个体的本人的经历，也取决于他生存于其中的社会文化；而创新型人才看自己、看世界的方式又会影响自己的日常行为。当然，当环境影响人的时候，人也在影响环境。不同的创新型人才在相同的环境中可能表现出不同的行为，同样的创新型人才在不同的环境中也可能表现出不同的行为。这些事实都说明人与环境是不可分离的，要理解人类行为就必须把人及其所处环境结合起来，在特定的环境当中理解特定的人的行为，创新型人才的创新行为也不例外。

基于上述关于"成长"的理解，有必要进一步对创新型人才成长环境作具体分析。虽然"人才环境"是人才管理工作中出现频率非常高的一个词，但无论是在学术界的学术研究中，还是在从事人才管理的具体工作中，对"人才环境"和"人才环境系统"这样与人才的成长和发展密切相关的名词却缺乏明确的界定和具体研究。就一般意义上的环境而论，是指对人们工作、生活等活动具有影响的一切外部条件。创新型人才成长环境与一般的环境不同，是指影响创新型人才进行创新思维和创新活动的一切外部条件，或者说是人在进行创新活动时所处的外部条件。因此它所涵盖的范围相当广，既包括自然环境中的因素，也包括社会环境，但对创新型人才成长起作用的主要是社会环境。社会环境从某种程度上说是一种规范，一种机制，一种人与人之间形成的社会关系、氛围。所以，创新型人才成长环境既有物质方面的，也有精神方面的；既有国家、区域层面的，也有工作单位、学校、家庭层面的；内容广泛涉及政治、经济、文化、科技、教育、地理等各个方面，是创新型人才成长过程中与社会、组织和其他个体相互联系、相互影响并相互作用的一个十分庞大的许多要素混合在一起的复杂系统。

人是不能脱离社会环境而独立存在的，社会环境规范着人的生活方式、行为方式和思维方式。由于创新主体是以人类主体、集体主体和个人主体三种形式存在的，而且这三种形式的创新主体在某个特定的历史条件下往往是同步发生、同时形成的，创新主体之间也是相互影响、相互作用的。因此，在研究创新型人才成长环境时，可以遵循人才与确定性环境的关系——人才与不确定性环境的关系——人才与不确定性环境的作用关系直接与否——这一思路进行。由于社会的不断进步和发展，对人才的成长能够造成影响的外在环境也日趋复杂，一些原来并不为人们所认识的环境因素也逐渐作为独立的子系统，需要认真加以研究。

创新型人才成长环境的营造还应特别关注从事创新活动的人对外部环境的感觉、感受。正如有的研究者注意到的，创新型人才成长环境并不能简单等同于人们经常泛泛讨论的社会的政治制度、经济制度。对创新型人才的成长而言，一个社会的政治、经济制度往往以外显的、比较刚性的方式为社会的运行和人们的行为提供规范和框架，是人才成长的宏观环境；而创新型人才成长环境则以内部和外部、刚性和柔性、显性和隐性相结合的方式制约和规范着每一社会群体和个体的行为，赋予人的行为以根据和意义，进而左右创新型人才成败和聚散的进程。从事创新活动的人对外部环境的感觉、感受等这些看似与创新型人才成长环境无关的东西，其实也是非常值得环境塑造者关注的。创新型人才成长环境中应该特别关注内部与外部、刚性与柔性、显性与隐性的结合，注重人文环境、创新氛围的塑造，从而催生富有时代精神的创新型人才。

二、创新型人才成长环境的分类

（一）与人类行为相关的环境分类

关于环境的分类，按照不同的标准有不尽相同的划分。如有的将创新型人才成长环境分为"大环境"与"小环境"，有的分为"硬环境"与"软环境"，有的分为"自然环境"与"社会环境"，等等。关于创新型人才成长环境的分类，至今尚未形成统一的分类方法，研究者从不同角度对此进行了一些相关的探讨。

就人类生存的环境而论，通常可以将其分为物质环境和社会环境。就物质环境而言，一方面，物质环境影响人类。物质环境对人类的影响既可能是积极的，也可能是消极的。这种影响同时也与人所施加给自然环境的影响紧密相关，比如全球气温变暖问题、沙尘暴现象等，这些都是人与物质环境关系恶化的表现，也正因为如此，环境保护的问题才作为一个与人类生存和发展紧密相关的问题日益受到人类的重视。另一方面，人类能够改变物质环境，大规模围海造田、劈山造林。中国古代愚公移山、精卫填海的故事，尽管这是传说或神话，从当代环境科学的视角分析，未必符合人与自然和谐共生的绿色发展理念，但也从一个方面反映了人类在改造物质环境方面是有期待、有理想的，并非无所作为。

就社会环境而言，同样应该承认，人类行为与社会环境之间也是一种相互影响的关系。一方面，社会环境能够影响人类成长。如我国对婚姻法的修订，国家在婚龄标准上的调整，会直接影响到人们的婚恋生活；再如文化的影响，这是社会环境中经常被强调的一个重要因素，不同的文化塑造出了不同的人格、不同的行为方式。中国文化与美国文化传统的差异，导致了中国人与美国人思维方式、行为方式、生活态度等全方位的不同。另一方面，人类行为可以影响社会环境。如以"新新人类"自居的年轻人，他们的行为方式、生活态度等都有可能直接影响社会风气或文化的改变；又如著名的思想家、政治家乃至流行歌星，他们都有可能引起社会相关风气的改变。

基于人类行为与社会环境相互关系的视角，人类行为赖以产生、发展的社会环境的构成主要包括如下七个单元：

第一，家庭。家庭始终是社会最基本的细胞，是人成长最早面临、无法选择的最基本的环境。

第二，朋辈群体。朋辈群体是人成长过程中极其重要的环境，同伴、朋友圈对人成长的作用是独特的。它与家庭，特别是原生家庭最大的区别在于，家庭稳定性大而变异性小，然而一旦发生变异，其代价也相对较大；而朋辈群体则变异性大而稳定性小。

第三，学校、单位与组织。学校是人成长的重要环境；结束学生生活步入社会后，对个体直接产生较大影响的是单位或组织。组织是人类成长及行为发生的场所，是有目的地为追求特定目标而建立的社会单位或群体。目标、人和人际互动是组织的三要素。人际互动出现问题是许多成年人发生心理疾病的诱因，也是其事业发生障碍的重要的隐性环境问题。组织对个体行为的影响非常广泛。首先，它影响人的目标或人生观；其次，组织提供的物理、心理条件会影响个体行为及身心健康；最后，雇佣与工作关系中的歧视现象也会对个体行为产生影响。虽然法律对性别、种族、年龄等歧视行为有明确规定，但是在操作层面仍有灰色地带。

第四，社区。社区成员之间往往有共同的利益或需求，为了实现这些利益而展开正式和非正式的交流，参与共同的活动，并且发展出互相之间的认同感。社区可以分为地域社区、非地域社区与亲属社区。地域社区以共同的栖息地域空间为特征；非地域性社区又称为心灵社区，与地域无关；亲属社区则是有血统关系者的结合。这些分类并不是互斥的，非地域性的社区也可能有地理上的联系，虽然其成员或许永远不会同时聚集在某一个地方。社区通过其价值与目标实现某种社会控制，影响人类行为，那些拒绝社区价值与行为规范的个人或群体，有可能遭遇某些强制措施，如警告、罚款、驱逐等。

第五，社会。社会指生活在特定地域范围内的拥有共同文化的一群人，往往受一个权威的中央政府的影响。社区和社会的概念经常被混用，而社会学家通常依据规模的大小、独立和自足程度来将两者区分开来。

第六，文化。文化是人类共同生活的基础，也是人类活动的重要环境。民族文化是民族心理形成的根本原因，每种文化中人们共同具有的心理特征，称为群体人格。受其影响，同一群体的人往往表现出相近的行为特征。

第七，大众传媒。进入信息时代，大众传播媒介，如广播、电视、报纸、杂志、互联网对人的行为和社会实践产生越来越大的影响，从而构成了社会环境重要的有机组成部分。由于媒体对知识和信息的报道和传播绝不是价值中立的，所以个体从媒体获得知识和信息，从积极和正面的角度讲，作为强有力的社会化主体，媒体所提供的信息可以帮助个人、团体及组织了解情况、做出判断、满足要求或达成目标。从消极和负面的角度看，媒体可能透过信息传递不恰当的价值观念或行为模式，误导受众。与此同时，网络依赖与网络成瘾也日益成为儿童与青少年中一个突出的问题。如何积极发挥互联网的正面功能，寻找合适的切入点，是值得引起重视的。

可见，社会环境是极其复杂的庞大系统，涉及日常活动的互动系统和影响社会功能的环境系统等各层次领域，这些系统对个人的成长和发展起着举足轻重的作用。与此同时，社会环境本身并不孤立，它又与影响人类行为的其他因素交织在一起。由此，我们可以把社会环境界定为与人类生物遗传、心理状态及社会过程相互作用的社会系统。

（二）与创新型人才成长相关的环境分类

1. 人才成长的硬环境

其一，自然环境。人才成长的自然环境，是指自然界的空气、土壤、水、光、热、生物、矿产以及地理位置、地形地貌、自然景观、气候条件等自然物质要素的总和，又称自然条件（包含自然资源）、生态条件、区位条件。

其二，基础设施。人才成长所需要的基础设施是工作与生活必不可少，并具有共用性、通用性、服务性，部分甚至还具有无偿性特征的物质基础，主要包括水电气等公用设施、交通运输设施、邮电通信网络设施、医疗卫生设施、科技教育设施、金融服务设施、商业服务设施、环境保护设施、园林绿化以及图书城、图书馆、博物馆、科技馆、文化馆、大剧院、音乐厅、电影院、体育馆等，可分为生产性基础设施与社会性公用设施等两大类。基础设施状况往往在很大程度上体现了一个城市或区域的发展状况。

其三，工作环境。工作环境是人才进行创新、创业必不可少的工作条件。如创业园区、孵化基地、研发园区、中介机构、办公用房，计算机、网络系统，打印机、复印机、电话、传真机等办公室OA系统，必要的专业仪器设备、书籍资料和工作人员等。

其四，生活环境。生活环境是指人才工作之余休息、娱乐、消遣以及为满足再生产需要而补充能量、体力与知识，并解除后顾之忧的相关条件。如城市建设环境（市容市貌、生态环境）、社区人居环境、人才居住用房（含房价高低）、出入道路及车辆、生活必需品供应渠道、休闲设施、娱乐设备、体育器材以及家属子女就业、上学条件等。

2. 人才成长的软环境

其一，政治环境。即与政党、政府、非政府组织（含社团）和个人在内政外交等方面活动有关的人才成长环境。具体地说，主要包括政局环境、体制环境、制度环境、法律环境、政策环境、行政管理环境等。

其二，经济环境。即与社会物质生产和再生产有关的人才成长环境。主要包括经济体制、人均GDP、财政收入、持续经济增长率、职工工资指数（城镇人均可支配收入）、规模以上高新技术企业数、高新技术产品数、高新技术产品产值、高新技术产品产值占工业总产值比重、企业工程技术中心数、重点实验室数、科技进步贡献率、外贸出口值、世界500强入驻数、恩格尔系数、人力资源环境、融资环境、市场环境、产业环境、技术环境等。

其三，人文环境。即与人类社会各种文化现象，特别是精神层面的观念形态等有关的人才环境。具体来说，主要包括历史文化传统、地方文化基础与特色、开放意识、创新意识、冒险精神、敬业精神、价值尺度、行为准则、交往方式、团队精神、文化包容度、对失败与挫折的宽容度、学术氛围、公民科学文化素养以及伦理道德、风俗习惯等。

其四，社会环境。即与因共同的物质与精神条件而联系在一起，并作为经济基础与上层建筑整体的人群有关的人才成长环境。一般而言，包括社会治安环境、社会舆论环境、人际关系环境、公民文明程度、社会信用环境、社会保障环境（基本医疗保险、基本养老保险、失业保险）、社会服务环境（政府、中介）等。

对于创新型人才的成长来说，其成长环境是一个有机统一的整体，"大环境"与"小环境"，"硬环境"与"软环境"，"自然环境"与"社会环境"是不可分割的，它们作为一个系统对创新型人才的成长产生着广泛而深刻的影响。

三、创新型人才成长环境的特点

（一）系统性和复杂性

构成影响创新型人才成长环境的相关因素很多，既有自然的、地理的环境，又有社会的、文化的环境，如政治、经济、文化、科教等，还有具体的人才政策环境等，其构成是多层次的，影响因素也是多方面的。这些不同要素相互影响、相互作用，形成一个人才生态系统，即创新型人才成长环境系统，系统中不同的要素所发挥的作用因时间与空间的变化而不同，所以，这个创新型人才成长环境是具有系统性的。同时，这些因素对创新型人才的成长有重要影响，且不同的因素对创新型人才成长的影响是很不相同的。另外，环境系统中的各个因素也都会对其他因素起到一定的影响作用，因此创新型人才成长环境系统也是复杂的，具有很高的复杂性。

（二）动态性和稳定性

创新型人才成长环境系统与众多因素都有着直接或间接的联系，每个因素变动都会牵动创新型人才成长环境。各种相关要素中，有的要素变化快，有的要素变化慢，如果说自然的、地理的环境要素变化慢一些的话，那么社会的、文化的环境要素的变化则要快得多。总之，创新型人才成长环境系统始终处于动态变化中。只是当创新型人才成长环境的变化达到一定程度，即当创新型人才成长环境的量变达到一定程度，才会呈现出质的变化，这种质的变化是一种显著的变化，有时甚至是一种根本性的变化。需要指出的是，创新型人才成长环境作为一个系统可以在动态中保持相对的稳定性。其机制在于，创新型人才成长环境中各个要素虽然是变化的，但是它们之间的协调性可以保证成长环境变化的趋势在整体上的平衡与稳定。因此，创新型人才成长环境是一个动态平衡的系统，在一定的时间和范围内它具有相对的稳定性。

（三）关联性和独立性

创新型人才成长环境与周围大的自然地理环境和社会经济文化环境有着紧密的联系，存在关联性。改革开放以后较长一个时期，在国内人才的流动方面，人们常说的"孔雀东南飞"现象，即是对这种关联性的一种形象的描述。实质性的问题是自然环境的优劣往往会间接影响创新型人才成长环境的质量，它通过影响该区域的社会经济环境而对创新型人才发生作用，并且影响其对创新型人才的吸引力。而社会经济文化环境对创新型人才则有着更为直接的影响，可以说社会经济文化环境对于创新型人才的发展而言有着更为基础性的作用。但创新型人才成长环境也有其独立性，社会环境的构成，小到家庭、学校、团体、组织，大到社区、社会乃至文化系统，涵盖不同层次的方方面面。与此同时，社会环境还体现为静态和动态的相对统一。一方面，相对于个体而言，社会环境是稳定的，也正是这种相对的稳定，保持着群体和社会的延续性，使有效率、有秩序的人类生活成为可能；而另一方面，社会环境又始终处于动态变化之中，不断地与外界交换能量，保持着自身的开放性。社会环境静中有动、动中有静，时刻保持着一种动态平衡。所以，特定的创新型人才成长环境有一定的独立性，它并不是一个社区、一个区域或一个国家某一时期社会经济文化环境的简单转化。譬如某一区域人均收入水平达到较高水平时，只能说该区域较多家庭的经济状况不错，绝不意味着该区域就没有经济状况较差甚至很困难的家庭。具体的创新型人才成长环境，其质量并不一定与社会经济文化的状况完全一致，两者之间虽有相互联系、相互影响的关系，但并非呈简单的正相关关系。

（四）自然性和人文性

创新型人才成长环境的自然性是不言而喻的，正如以上分析所揭示的，构成创新型人才成长环境的有许多自然环境因素，一个城市或区域的这些因素，如地理位置、地形地貌、自然景观、气候条件等，在短时间内一般不会发生大的改变，因而创新型人才成长环境往往具有相对稳定性，其作用要经过较长时间才显现出来。同时，创新型人才成长环境与其所处的人文社会环境有着紧密的联系。人文社会环境一般有下述的两个含义。第一，是指与自然地理环境相对的与人类行为相关的社会环境。从宏观上看，人文社会环境实际是指一个国家或地区的文化传统、社会心理、政府的相关政策及管理体制。从微观上看，是一个企业或组织的文化。第二，是指一个是否有利于人的思想自由思维、创新潜能发挥和重视人才的社会环境。文化系统是人文社会环境的一个最重要的组成部分，当然，科学技术知识也是文化系统中的一个子系统，可以说，正是人类的文化系统，决定了人的社会行为选择。

（五）相对性和差异性

创新型人才成长环境是一个相对的概念，其相对性表现在：一方面，创新型人才成长环境中所包含的内容在不同的历史发展阶段具有不同的侧重点，比如，在一个社会的温饱问题尚未完全解决的情况下，人们对于成长环境的理解，往往更多地偏重于外显的、比较刚性的物质环境，而可能对精神环境在一定程度上有所忽视。另一方面，现实生活中，成长环境除了物质因素外，相对更为人们关注的是柔性、隐性的、富有人情味的制度和精神因素，今天如果缺少这些因素，成长环境就不成为环境。没有这样的社会环境，人类生存就会出现危机，创新型人才成长就会走上扭曲的道路。因此，制度和精神因素在创新型人才成长环境中的作用和地位应该引起全社会更多的重视。创新型人才成长环境的差异性是比较明显的。创新型人才成长环境也具有差异性，研究或建设创新型人才成长环境，总是针对特定的目的或目标来开展，譬如，不同的创新型人才群体所面对或者所需要的环境是不同的。创新型教师与创新型管理者成长环境的某些微观环境诉求是有差异的。至于不同的地区，由于发展水平、社会文化等的差异，这种差异性可能就更加明显了，所在的区域不同，创新型人才成长环境的内容可能会有明显的地区差异。

（六）阶段性和持续性

这里的阶段性，是指成长环境要按照创新型人才的成长规律，在不同的成长阶段提供相应的合适的成长环境。作为个体的创新型人才，他（她）首先是一个普通的人，在不同的人生阶段，其生理发育状况不同，直接影响其在不同时期的成长特征，如婴幼儿、青少年、中年、老年等不同阶段，他们之间在成长方面的差别是很大的。婴幼儿、青少年阶段尚未步入社会；而成年后则进入社会，中年已全面成熟，不仅完全介入社会，而且还在社会中担任相当重要的角色。这直接导致了不同人生阶段的人在社会中的地位、角色、影响等方面的巨大差异，在不同的成长阶段往往有非常不同的环境诉求。所以，一个社会关于创新型人才的培养，应该在考虑其成长规律的前提下，为各类不同发展阶段的人提供相应的适合其创新精神培育、创新人格养成和创新能力发展的社会环境，应该针对人才成长的需要在不同的阶段提供其所需的相关资源。但无论对于个体成长或社会发展来说，成长或发展应该是一个连续的过程。因此，创新型人才成长环境又具有持续性。我们不能设想一个国家或区域仅有优秀的幼儿园和高水平的幼儿教育，但基础教育或高等教育很一般，那是难以实现创新型人才辈出的目标的。对于创新性的个体来说，随着社会的不断发展和科技的不断进步，社会在成长环境的营造方面应该是持续性的，创新型人才成长环境应该是一个不断优化的过程。

第二节　创新行为与创新型人才成长环境的功能

一、社会化与人类行为的特点

作为创新主体，创新型人才总是处在一定历史阶段的社会的人，不可能在与世隔绝的环境中成长，每一个个体实际上自从出生以后就开始了从自然人到社会人的社会化转变过程。通过社会化，自然人才能使外在于自己的社会行为加以规范，并将有关的社会准则内化为自己的行为标准，逐渐形成社会期待的行为模式、语言、技能，获得属于自己的社会身份与一系列社会角色。从本质上说，社会化也是社会控制的一部分，其最终目的在于诱导与帮助个体融入社会生活。

分析人类行为不难发现，其特点还是颇为明显的。①适应性：从进化论的角度讲，人类行为的根本目的是适应环境，维持个体及种族的繁衍。与此同时，通过个体的主观能动作用，人类也在不断地改变环境。②多样性：人类行为是个复杂系统，存在着各个不同的侧面，有外显的，有内隐的，有来自遗传的，有后天习得的，有生理范畴的，有社会属性的，千姿百态。③动态性：人类行为无时无刻不处于变化之中，而这种变化既有来自身体素质如身高、体重变化的影响，也包括由社会生活条件所造成的行为改变。④指向性：人类行为不是盲目的，它有自己的逻辑性，常常指向特定的目标，如听到声音后个体的定向反射等。有时候，在局外人看来不合理的行为，却有其内在的逻辑性。在目标没有达成之前，行为方式可能会发生改变，但行为本身往往并不就此终止。⑤可控性：人类能有意识地控制和调节自身行为，使其向着目标前进，因为人类行为是可以经过学习或训练而发展的，具有可塑性。⑥发展性：人类行为是连续不断的发展过程，如婴儿的运动行为发展遵循眼球运动→颈部运动→躯干运动→坐→爬→站→走的连续发展的轨迹。行为的连续性发展是量变，在量变的基础上，行为的性质会发生质变或突变，这就是行为发展的阶段性。⑦整合性：由于人类行为的复杂特征，必须整合各方观点加以综合研究。例如，行为遗传学家强调遗传与基因的作用，行为主义侧重行为的学习机制，社会心理学家关注群体行为等。只有综合各方的研究成果，才能真正理解人类行为。

二、创新型人才成长环境的功能

创新型人才成长环境总是在一定的社会发展的历史进程中形成的，在这个过程中，人们创新活动的环境或好或存在一些问题，但其对人的影响作用总是存在的。一定的创新型人才成长环境对创新型人才的成长、发展有着显著的影响与作用，其功能主要表现在以下方面。

（一）保障功能

环境的保障功能是指创新型人才成长环境能够提供创新型人才成长过程中所需要的各种必要条件，确保创新型人才的健康成长。创新型人才首先是一个社会的人，作为个体其成长离不开必要的社会环境，包括物质环境和精神环境。就物质环境而论，创新型人才应该是在这些必需的物质条件得到满足的前提下才能健康成长，如果社会不能为创新型人才成长提供必要的物质条件，其生存和发展都无从谈起。这是创新型人才从事一切活动的前提条件，没有这个条件，创新型人才的各种创新活动都无法进行。创新型人才的创新活动必须具备必要的社会条件，才能在改造客观世界的过程中积累经验、增长知识、增长才干，实现创新。

同时，创新型人才的成长也离不开必要的社会文化、社会舆论和社会风气等精神因素。在任何社会，创新型人才的成长实际上是一个创新素质综合发展的过程，一定的精神条件在这个创新素质综合发展的过程中也是不可或缺的，丰富的精神因素对创新型人才品格的形成和智慧的发展犹如金色的阳光照亮其人生，使其可能充分或自由地发展；就像雨露滋润禾苗，让其灿烂而茁壮。如社会中必要的教育制度保障，全面普及学前3年教育，普及9年义务教育或高中阶段义务教育，或提供精神产品，满足其精神需要，从而切实地保障创新型人才素质的提高，促进创新型人才理想不断升华。社会风气和舆论，无论是好是坏，它的影响不可忽视，好的社会风气和舆论环境有一种积极的催生作用，不好的社会风气和舆论环境，则可能有一种消极的抑制甚至扼杀的作用。无论是家庭、单位、公共场所还是学校、幼儿园都有它的影子。生活中的励志故事常讲一些逆境成才的典型，让世人视为楷模，这也不无一定道理，因为由于创新思维及创新活动的特点，创新者的成长不可能永远一帆风顺，其发展环境也不可能永远充满阳光雨露，但这不能作为我们不去营造良好的创新型人才成长环境的理由。如果那些逆境中成长起来的创新型人才当初在成长过程中能有更好的成长环境，他们的成长道路岂不是会更加顺畅，他们的创新贡献也会更多。

（二）导向功能

创新型人才的生活、创新活动都是在现实的特定环境中进行的，不论他们处在人生的哪个阶段，也不论创新活动是在顺境还是逆境，要在创新活动中充分地施展抱负，实现自己理想的目标，除了自身的拼搏奋斗外，必然还受到其所处成长环境的影响。现阶段，一般大的时代环境、全国性的宏观环境差异也许不是很大，但中观环境如区域环境、行业环境，微观环境如企业、学校及工作单位的工作环境的差异还是很大的。好的区域环境，工作、学习环境往往产生一种很强的导向功能。以从业人员的职业道德为例，就有明显的导向功能，即职业道德具有引导职业活动方向的功能。具体说，职业道德的导向功能主要从三个方面对从业人员加以引导：确立正确职业理想与社会发展目标相统一、个人追求与企业发展战略相统一、岗位职责要求与职业道德相统一。

就微观环境而论，一般的企业有自己的企业文化，学校有自己的校训，这些将是个体工作、学习环境中比较重要的内容。以校训为例，一般情况下校训往往是一所学校师生共同遵守的基本行为准则与道德规范，它既是一个学校办学理念、治校精神的反映，也是校园文化建设的重要内容，是一所学校教风、学风、校风的集中表现，体现学校的文化精神。如清华大学的校训是"自强不息，厚德载物"；北京大学的校训是"爱国，进步，民主，科学"；浙江大学的校训是"求是创新"；同济大学的校训是"严谨求实，团结创新"；武汉大学的校训是"自强、弘毅、求是、拓新"；等等。无论其作为一种基本行为准则与道德规范，还是办学理念，或是治校精神，它对学校广大师生的影响是深刻的，其作用机制在很大程度上就是一种导向功能，主要包括理想信念导向、培养目标导向和行为准则导向。正是这种导向功能，使其具有强大的号召力、凝聚力和向心力，成为师生的行动指南，不少人就是在校训的指导下走上创新的人生道路。

（三）激励功能

环境的激励功能是指创新型人才的成长环境能够调动创新者的积极性，激发创新者的潜能，激励创新型人才更好、更快地健康成长。人的成长是一辈子的事情，在不同的成长阶段可能面临不尽相同的成长环境，如少年时代，好的教育环境往往具有比较理想的激励作用。如历史上的"孟母三迁"，为选择良好的环境教育孩子，孟轲的母亲多次迁居，"择邻处"，就是为了使孩子拥有一个好的教育或学习环境。从组织层面看，激励就是利用各种外部诱因，激发从业者的工作动机，促进组织中的成员有效地达到组织目标，从而使外部的某些刺激内化为从业者个人的自觉行为。成长环境对创新型人才的激励，其功能的实现有多种途径，譬如对于已经步入社会、在职业生活中拼搏的创新者来说，职业道德就有一种明显的激励功能，职业道德具有激发从业人员产生内在动力的作用，其激励的功能往往是通过职业理想、榜样示范和奖惩机制来实现的。面对人才市场激烈的竞争环境，薪酬福利是重要的经济条件的保障，必要的经济环境能够提供创新型人才所需的物质生活条件；良好的工作环境能够让员工获得与其贡献相适应的工作条件。只有当创新型人才对回报感到公平时，才能达到吸引、留住创新型人才的目的。在大的政治、经济、文化环境相当的情况下，创新型人才成长环境中的工作环境、生活环境和人际环境等微观环境对创新型人才成长和发展的激励功能比较直接。环境宽松，氛围温馨，生活安定，心情愉悦，人的潜能就能得到充分发挥。对创新型人才的成长来说，外部环境的刺激是重要的，但说到底那是外因。因此，如何有效地将外部刺激内化为创新者个人的自觉行为，变成一种内在动力，是值得认真研究的问题。从现阶段外部刺激情况看，无外乎物质激励和精神激励，前者是基础，后者是根本，可行的做法应该是在两者结合的基础上，逐步过渡到以精神激励为主，激发创新者的内在动力，以激励创新型人才不断创新发展。

（四）约束功能

环境的约束功能是指成长环境对创新型人才的行为提供某些条件的同时，也使其活动受到环境条件的某些限制。首先，一方面，优越的环境条件在很大程度上能够促进创新型人才的成长和创新活动；另一方面，对于创新型人才的成长和创新活动，环境所能提供的环境条件总是有限度的，所以它总会在某种程度上约束人的行为。其次，环境的约束力还表现在社会管理、社会文化方面，如科技、教育、文化、人才等领域的管理制度、管理体制、运行机制和社会风气等，凡符合社会规范的行为就得到肯定和赞扬，反之会受到限制。

譬如，借助于公开表达的传播媒介，可以形成强大的公共舆论，对国家权力及其主要行使者政府的行为实施监督，或极力促进某种有利于公众利益的政策和行为的实施，或制止某种危害公众利益的政策和行为的实施，否则，就会受到舆论的谴责。例如科学研究证明：吸烟不仅危害吸烟者本人的健康，而且二手烟会损害周围人的身体健康，因此在公众场所禁止吸烟。一旦有人违反，就会受到公众的指责，在舆论或他人的否定态度的压力下，促使其中止这一行为。多数情况下，人们都会服从舆论意见，进行自我约束，修正自身行为。正是在这种不断的宣传之后，舆论通过意见的作用力强化了社会公德，对社会成员的行为形成约束。类似地，人们在从事某种心仪的职业时，在享受其理想的职业声望、待遇和工作条件的同时，也应恪守职业操守。职业道德具有促进从业活动规范化和标准化的作用。职业道德的约束功能通过岗位责任的总体规定和具体的操作规程及违规处罚规则对从业人员的行为进行约束，并有效抑制从业人员的"越轨"行为。实际上，职业道德鼓励公众符合职业道德的行为，约束和制止公众违背职业道德的行为。每个人作为社会成员之一，从事一定的社会职业，服务于其他的社会成员，这使其职业和职业行为因而具备了和公共利益的相关性，也自然被纳入舆论监督和制约的范围内，舆论对其作用的方式就是以表扬或批评的意见倾向产生压力，鼓舞或限制公众职业行为，促其遵从社会普遍认同的职业道德规范。

（五）选择功能

在人才资源的配置方面，市场机制起着越来越重要的作用。随着竞争机制的引入，人才市场发展中"猎头公司"等市场化机构出现，市场在人才资源的配置中已经起着决定性作用。"双向选择"作为人才资源的流动机制已经在现实的社会经济生活中发挥重要作用，用人单位可以根据自身的需要和用人标准选择、选用人才，各类人才也可以根据自身的条件、志愿和价值取向去选择用人单位。前者实际上是环境对创新型人才的一种选择；而后者，即人才选择用人单位，是人们常说的"人往高处走"，这里的所谓"高处"，就是相对比较优越的环境。这与其说是创新型人才对环境的选择，还不如说是环境在选择人才，是创新型人才成长环境的选择功能的一种表现形式。优越的创新型人才成长环境对人才的选择功能表现得更为突出。有的区域或城市在某些行业或产业领域比较有特色、有优势，往往就能集聚相关领域不少高层次的创新型人才。

从这个意义上讲，创新型人才成长环境对创新型人才的选择功能，一定程度上表现为一种理性的对比和决策选择。人在成长和发展过程中，总是倾向于选择最适合自己发展的环境和外在条件。成长环境可以给创新型人才提供一种对比效应，通过不同创新型人才成长环境的对比分析，人们会对自己所处环境状况做出相应的评判，同时对自己所处环境是否有助于自身的成长和发展会做出判断，从而更加深入地进行自我认识和自我价值的判断。这往往会激发创新型人才思考如下一些问题，譬如现有环境干事业的平台是低了还是高了？现有环境是否能够满足促进自己成长和发展的需要？现有环境是否制约了自己的成长和发展？素质能力相当的人在另外的环境中为什么不断取得一些创新成果？在现有环境中自己是否充分发挥了潜力？在现有环境中自己是否获得了公平的待遇？是继续留在现有环境中发展还是考虑新的发展环境？等等，创新型人才会对诸如此类的问题做出自己的判断。类似的对比分析，必然引导人们在某种环境下，采取相应的对策与行动，做出理性的决策与选择。因为如果人们选择了不合适的环境，往往难以充分发挥潜力，创造最大的社会价值，因为个体往往没有可能改变成长环境，所以成长环境对创新型人才的行为趋向有着明显的选择功能。

第三节　环境对创新型人才成长的影响及其优化

一、环境对创新型人才成长的积极影响

在创新型人才成长环境这个复杂的大系统中，各要素（因素）对创新型人才的成长具有不同的作用，有的产生直接作用，有的产生间接作用，它们发挥的作用及作用的方式是不一样的。这里不打算涉及创新型人才成长环境的方方面面，为了研究问题的方面，仅就其中的自然环境和社会环境对创新型人才成长的影响作简单探讨。

（一）自然环境对创新型人才成长的影响

第一，自然环境是人类社会赖以生存和发展的基本条件，往往是以自然现象和自然过程的形式存在的。创新型人才的成长离不开基本的自然环境，其实，人类活动所反映出的空间地域特征，也无一不受地理位置、地形地貌、气候条件等自然环境要素的影响和制约。

第二，自然环境对创新型人才的成长存在明显的影响。创新型人才在成长过程中要经历不同的发展阶段，在从事创新活动时至少要在某一领域对社会发展做出一定的创新贡献。显然，他们在成长和作出贡献的过程中，必然会受到自然环境的影响。"橘生淮南则为橘，生于淮北则为枳，叶徒相似，其实味不同。所以然者何？水土异也。"（《晏子春秋·内篇杂下》）古人早就悟出了这个道理。从自然地理的角度看，世界上许多国家或地区有着自身独特的自然环境与发展特点，从而催生了与之相关的一些非常出色的人才。

第三，创新型人才只有排除自然环境的不利影响，克服自然环境的负面作用，协调与自然环境的平衡状态才能达到人与自然的和谐，才能有效地从事创新活动。自然环境并不是直接作用于人才的成长与发展，而是通过对人才的心理、生理产生作用，进而影响其成长与发展。自然环境由诸多要素组成，是包含自然资源、地理位置、地形地貌、气候条件等在内的一种自然条件、生态条件或区位

条件，各环境要素及其整体对创新型成长的作用是多层次、多角度、多方位的，具有明显的多样性。而且作用的效果也是多样的，有时起促进作用，有时起阻碍作用。此外，各组成要素都直接或间接地作用于作为创新主体的创新型人才，并且各要素相互联系、相互影响、相互制约，向创新型人才提供的是一种综合环境，对创新型人才成长产生综合影响。

第四，人和自然环境是一个相互作用的过程，创新型人才对环境改造的力度更强，其广度和深度更是超乎一般人。一个人的天资和才能，能否得到发展及发展到什么程度，与他所处的环境是分不开的。但人们受环境的影响不是消极被动的，而是积极能动的实践过程。相对于一般人群而言，创新型人才对自然环境具有巨大的反作用。

其一，自然环境可以改造，地理环境不能简单地理解为自然环境。自然环境不仅影响创新型人才的成长，而且直接影响人们的生活，甚至改变人们从事各种经济社会活动的条件，给人类的生产创新活动提出了更多的要求，如果自然环境遭遇破坏，将迫使社会付出相当的代价来治理、保护和改造，从一定意义上讲，环境问题和经济社会问题融为一体了，人与自然应该和谐相处。从这个意义上讲，地理环境是可以能动地改变的，如荒山是自然的，但人们可以进行绿化，甚至修通道路，可以将荒山改造成经济林，或改造成森林公园，建起庙宇，辅之以必要的人文景观，它就不再是纯自然的，而是自然和社会高度结合的，事实上已经成为具有社会属性的环境。如许多名山大川，首先它们是自然的，但人类的创造性改造使其具有很浓的文化意蕴，如武当山、泰山、黄山、武夷山等，有的就是世界文化与自然双重遗产。自然环境的改善又在很大程度上为创新型人才的成长创造了新的条件。

其二，要根据经济社会发展和人才培养的需要，建设人工自然，以创造性地优化自然环境。这里所谓人工自然主要是指人工修建的，服务于个人和社会生产、生活的物质设施。例如城市绿化，水面，雕塑，街心公园，道路，桥梁，以及各种社会公共生活服务设施及其造型、色彩等等的配合。它们成为环境是不言而喻的。它们是社会经济活动的直接产物，是人们及其社会所需要的使用价值的一部分。因此，它们的建设和使用应该包括在经济系统之内，在产品的生产中应该包含这样一个作为环境的人工物质产品的生产。

（二）社会环境对创新型人才成长的影响

社会环境对创新型人才成长的影响是多方面的，发达的教育，宽松、和谐的社会环境，尊重劳动、尊重知识、尊重人才、尊重创造的社会风气，这些良好的社会条件有利于创新型人才的成长和发展；反之社会环境存在这样或那样的问题，则会影响创新型人才的健康成长，有时甚至会贻误或扼杀创新型人才。

第一，社会政治环境。社会政治环境涉及一个国家的社会制度和国家政策，社会制度和正确的国家政策对创新有着十分重要的影响，是创新型人才辈出的重要因素。因为一定社会制度下的国家政策包括一个国家在一定历史时期的政治路线、基本方针和主要的法规政策等内容。其对创新型人才成长之所以重要，是因为它将确定社会发展方向。政策的内容很丰富，其中，与创新型人才成长关系较为密切的是教育体制、科技体制、人才体制及相关政策。毋庸置疑，没有正确的大政方针，就不可能产生正确有效的教育体制、科技体制、人才体制及相关政策。但是，正确的教育体制、科技体制、人才体制及相关政策，有自己的发展规律，它从属于一定社会制度下的基本国策，又以自己的独特内容丰富和充实着基本国策和特定时期的大政方针。

创新型人才的成长和潜能的发挥有赖于社会政治环境，不同的社会政治环境特别是对人才成长与潜能发挥有着巨大影响的人才战略和政策环境，对创新型人才辈出关系重大。只有宽松、民主、和谐的政治环境才能鼓励人们追求真理、大胆探索，才能允许可能与现有的理论、权威的意见相抵触的创新设想的存在并进行探索，人们才有勇气在创新中去试错、去冒风险。从历史的角度讲，是不同时代的社会政治环境提供了个人成就事业的机会。例如，始于唐代的科举考试制度作为一种用人制度，从设计的初衷看，是要打破传统的血缘世袭关系，相对于世族垄断的传统无疑是一种进步。"朝为田舍郎，暮登天子堂"，使一些社会中下层有知识的读书人进入社会上层，获得施展才能的机会，对唐代文艺繁荣和文艺人才大批涌现起到了重要的推动作用。在唐朝，不会写诗的人，难以走上仕途。因此，作诗成为步入官场的重要基础。在这种政策与制度环境下，唐代杰出诗人辈出，群星灿烂。

第二，社会经济环境。经济是社会发展的基础，也是创新型人才赖以生存和发展的必要条件。社会经济发展了，才能为创新活动提供丰富的物质基础和良好的条件保障，人们的创新精神也才能得到充分的激发，从而才有可能培养出更多的创新型人才。可以说，与社会环境的其他因素相比，经济环境对创新型人才成长与发展的作用具有更大的意义。经济发展是推动整个社会发展的根本原因，也是推动创新型人才成长与成功的重要动因。因为，必要的物质条件是创新型人才成长发展的基础。

第三，社会文化环境。社会文化环境是指在某种社会形态下国家或地区所形成的文化传统、价值观念、宗教信仰、教育水平、社会结构、道德规范、审美情趣、风俗习惯等，社会文化环境是在长期的社会发展中逐渐形成的。作为个体，任何创新型人才都生活在特定的人文环境之中，接受社会文化环境的熏陶和影响，这是不以人的意志为转移的。社会文化环境对创新型人才成长的影响是深刻的，在形式上它是一个潜移默化的过程。

就文化传统而论，其对创新型人才成长的影响就极为深刻而深远。在世界著名的音乐之城维也纳，音乐氛围可谓浓郁，文化积淀深厚。这里是著名圆舞曲华尔兹的故乡，也是欧洲许多著名古典音乐作品的诞生地。早在18世纪，维也纳就是欧洲古典音乐"维也纳乐派"的中心，也是欧洲古典音乐的演奏中心。19世纪，维也纳是舞蹈音乐的主要发祥地，世界各地许多著名音乐家与维也纳有深厚的渊源，曾来这里居住、从事创作和演出活动的音乐大师有贝多芬、莫扎特、舒伯特、海顿、施特劳斯父子、李斯特、格留克、勃拉姆斯等。漫步维也纳，只要走上它的大街就会看到一座座十分逼真的音乐家雕像、音乐家纪念碑。在维也纳，许多街道、公园、剧院、会议厅等都是用世界著名音乐大师的名字命名的，音乐家的故居和墓地常年供人们参观和凭吊，现在维也纳拥有世界上最豪华的国家歌剧院、闻名遐迩的音乐大厅和一流水平的交响乐团。每年有各种形式的节目演出。悠久的音乐传统，使这里音乐人才辈出。

社会文化环境对创新型人才成长的影响是多方面的。文化传统如此，还有价值观念、教育水平、社会结构、道德规范、审美情趣、风俗习惯等各个不同层面对创新型人才成长的影响各有不同的特点，需要做专门的、具体的分析。在当今这个开放的时代环境下，要发挥社会文化环境对创新型人才成长的积极影响，需要革除文化中某些阻碍创新的观念和积习，在促进学术繁荣与文化创新的政策方面，应本着真理越辩越明的理念，实行"百花齐放，百家争鸣"的方针，促进学术民主、争鸣自由，让双方或者多方突破某些局限，在平等的基础上各抒己见，平等讨论，争辩比较，发现不足，促进探索，使认识更趋近于真理，这样的学术环境和文化氛围有利于繁荣科学文化,加速创新型人才的成长。

第四,社会舆论环境。良好的社会舆论环境对创新型人才成长的影响是较为直接的。社会舆论环境既是以各种舆论为基础的人际关系的体现,也反映了在各种态度、观点和意见交锋中各种因素相互影响和持续互动的状态与效果。客观地讲,人类行为可以对社会环境产生很大的影响。但更值得关注的是,随着信息时代和网络社会的不断发展,以互联网舆论为主要代表的社会舆论及其生态变化,已经充分地展现出了其对社会各方面的深刻影响,其对创新型人才成长更是产生着复杂而深刻的影响。

其一,大力倡导支持创新,带动整个社会形成崇尚创新的社会风尚,激励创新的社会舆论环境将有利于良好的社会风气的形成。先秦的荀况在《荀子·劝学》中早就深刻地指出:"蓬生麻中,不扶而直。"激励创新的社会舆论环境,尤其是社会风气是促使人们不断创新、竞相上进的重要条件,形成尊重劳动、尊重知识、尊重人才、尊重创造的社会风气,让全社会都来关心创新、爱护创新型人才,则会形成创新型人才辈出的可喜局面。

其二,顺应时代发展,及时把握社会舆论生态的变化,高度重视互联网等新型传媒对社会舆论的影响。网络空间已逐步成为公众经由互动交流表达诉求与汇集意愿的主渠道,党和政府要营造清朗的网络空间,实现对公众舆论传播与演化规律的精准把握,高度重视社会舆论生态治理问题,加强对创新知识、创新型人才的宣传,在全社会逐渐形成勇于创新、鼓励成功、宽容失败的社会氛围;加强创新文化的宣传引导,倡导适应创新发展的文化理念,形成有利于创新的社会舆论环境,让每位社会成员解放思想,使个人、家庭、学校、社区、企业、政府以及社会中介组织等各类创新主体形成创新共识,最大限度地凝聚社会共识,让创新的社会舆论环境得到不断优化,从而推动社会关系和谐发展,使更为宽松的创新环境为创新型人才的成长营造更为良好的创新条件。

第五,社会法制环境。创新型人才是最重要的资源已经成为社会的共识,营造创新的社会环境,实现创新发展,需要党和政府的政策引导,需要行业规划,需要国家力量的有效组织、引导和管理。各地纷纷制定出台了一系列的人才政策文件,从创新型人才培养、选拔、引进、激励、流动等方面来吸引集聚人才、激发人才活力。但不容忽视的是,一些地方政策多而不精、散而不全,碎片化现象较为突出,在贯彻落实中要么出现政策冲突执行不下去,要么有的地方和部门搞选择性执行，合意的、容易的、有利的就执行，不合意、有难度、无利的就不执行，政策虽好，却难以落地落实。如此这般，政策缺乏持续性和稳定性。解决这个问题，离不开法律法规的保障，有良法方能有善政，立法是最佳的选择。因为与政策相比，法律具有强制性、普遍性和稳定性。现代社会，一个国家的法治建设水平在很大程度上决定着其文明程度的高低，社会法治环境对创新型人才的成长具有特别重要的意义。

其一，法制环境对于创新型人才基本权利与自由的保护。法治建设既是一种制度建设，也是一种思想建设，即法治观念的建设。因此，创新型人才在遵纪守法的前提下，可以利用法律保护自己，如宪法规定了公民在政治、人身、经济、社会、文化等方面享有的基本权利，有言论、出版等自由，这些是创新型人才从事创新活动必须具备的最起码的法治保障。

其二，法制环境对于创新型人才成长的保护作用，还体现在对于创新型人才创新成果的保护上。如对专利权、著作权、商标权、专有技术等知识产权的保护，没有相应的法制环境那是很困难的。现实生活中，对以营利为目的，未经著作权人许可复制发行其文字、音像、计算机软件等作品，或出版他人享有专有出版权的图书，或未经制作者许可复制发行其制作的音像制品，或制作、出售假冒他人署名的艺术作品等现象的处理，必须要有法制环境的保护，以法治规则激活公平竞争的人才市场，使创新型人才资源按能级进行市场配置。相关的知识产权方面的法律保护不仅保护了创新者创新的正常权益，而且也给创新者以应有的荣誉和财富，突出了市场评价的导向作用，也强化了市场价值的激励作用，使他们的创新有所收获，同时获得了应有荣誉，从而能够进一步最大限度地激发创新型人才的创新热情。

其三，法制环境可以为创新型人才提供心理上的安全感。在一个没有法制或者法制不健全的时代或社会里，创新型人才会没有安全感。缺乏心理上的安全感的创新者，往往是很难进入创新状态的，更难进入最佳的创新状态。创新型人才的创新思维与活动有时要反传统，有时要挑战权威，有时要承担常规工作难以遭遇的风险，有时还要面对挫折和失败的困扰，而当创新者深知自己的创新探索及成果受法律保护，就会产生内心的自由和心理上的安全感，从而会放心大胆地进入创新状态。从社会层面看，一个个、一批批大量具有心理上的安全感的创新型人才将成为社会创新动力的不竭源泉。

二、创新型人才成长环境的优化

（一）家庭环境的优化

对于原生家庭来说，家庭环境是培养人才的重要因素。家庭的生活环境是一个人孕育创新思维能力的最早的环境，良好的家庭教育在培养人们的创新精神、创新人格方面，起着学校教育和社会教育都难以起到的基础性作用。父母之间和睦、互相尊重、互相理解，在事业和生活上互相支持，充满爱的融洽关系所营造的家庭氛围，可以让孩子在和谐的环境中成长和发展，高效地学习，从而拥有健康、纯净的心灵，对孩子良好性格的塑造有积极的作用。家庭教育具有较大的灵活性，不像学校教育那样系统、稳定。同时，父母对孩子的脾气、爱好、特点有较多的了解，因此家庭教育可以有明确的针对性。

现在有些家长过于重视物质环境，为了孩子有个良好的学习环境，购买漂亮的写字台、新型电脑、调光台灯、各种版本的练习册，等等，但是发现孩子的学习并不怎么理想。原因可能是过分重视物质环境，而没有注意营造良好的精神环境。培养具有创新精神和创新人格的人才，创造良好的家庭精神环境是十分重要的。和睦融洽的家庭气氛，给子女更多的自由，为人父母者，理当是孩子的第一任老师，其一言一行以及父母之间所形成的家庭氛围等都对孩子产生潜移默化的影响。父母不仅在行为方面要引导孩子，而且要注意家庭教育的方法，不要动辄训斥、惩罚，更不能冷嘲热讽。要有意识地对子女进行创新教育，特别是培养孩子的好奇心，培养他们对大自然、周围环境的关注，鼓励孩子发展自己的兴趣，让孩子感到成人期望他们去创新，向他们提供信息资源，丰富他们的知识。给孩子提供无结构材料（积木、橡皮泥、七巧板、插片、魔方等）、非现成的玩具，让孩子练习绘画和自由命题的作文等，激发孩子的想象力，鼓励孩子憧憬未来，学会畅想、幻想。

（二）学校环境的优化

学校对培养学生的创新精神、创新人格和创新能力有着极其重要的作用，在教育普及程度逐步提高的时代条件下，学校教育在影响创新型人才成长上具有家庭及其他社会组织所不具有的独特功能。学校是一个小的社会，优美、和谐的学校环境，专用教室的精心设计，名人画像、名人名言、班风标语格言的布置，有特色的板报、橱窗、文化长廊、艺术天地、各种展览，图书馆、校园网、有关报刊、国旗、守则、规范、校训、校风等形成的校园文化，对陶冶学生的情操，塑造学生美好的心灵，启迪学生的智慧，激发学生的开拓进取精神起着举足轻重的作用。良好的学习环境，作为一种育人文化，自然熏陶，润物无声，催人奋进。

国内外科学技术领域中杰出的创新型人才，绝大多数是通过学校教育培养出来的。如诺贝尔科学奖获得者、中国科学院院士、中国工程院院士等，不仅受到良好的学校教育，而且绝大多数具有较高的学历层次。随着社会的发展和科学技术的进步，教育在创新型人才培养中的地位和作用越来越重要，没有发达的教育就难以培养有竞争力的现代化的创新型人才。

从学校环境优化的角度看，学校教育应该按照社会对创新型人才的基本要求对学生在不同阶段发展的方向做出社会性规范，以适应其身心发展和社会化。同时学校还具有开发学生特殊才能和发展个性的职能，可以在一定的组织与指导下，在进行以学习为主的各种活动中获取知识，发展智力，培养创新意识、创新能力和创新人格。各级各类学校不仅要开设有关创新的课程，而且还应注意在各种课程和课外活动中贯穿创新教育，为将学生培养成创新型人才创造良好的学习环境。

（三）工作环境的优化

创新型人才步入社会后，能否较好地发挥自己的特长和优势，能否在工作中脱颖而出，取得事业上的成功，一个不可忽视的因素是创新型人才的工作单位能否为其提供必要的、宽松的环境和发展空间。创新型人才工作单位的环境是其创新事业的基础和支撑。创新型人才工作单位的环境也分硬环境和软环境，一个单位的硬环境在很大程度上制约着该单位各类人才的发展，如区位优势、经济实力，基础设施等可为创新型人才的成长和发展提供有力的支撑。现在人们越来越讲究工作效率和生活质量，工作效率包括工作单位给员工提供的必要的硬环境，包括与专业相关的如实验条件、信息资料条件、办公条件等，与生活环境相关的如住房、薪酬、福利等。与单位硬环境的改善相适应，对创新型人才的成长和发展不可忽视的是工作单位的软环境，即一个民主和谐、利于创新的工作环境。一个能激发人积极向上、让人保持愉快心情的相对宽松和谐的工作环境和创新氛围，是创新者特别珍视的。

因此，创新型人才工作环境的优化，除了硬环境的投入外，软环境的优化是更需要人力资源管理上的创新的。实践证明，在硬环境差距不大的同类区域，甚至同一城市，一个单位的工作软环境往往表现出明显的竞争优势，从而使单位成为各类创新型人才能够充分施展才华的舞台，这无疑能使人才更有效地工作，从而多做贡献。

具体来说，作为创新型人才可能具体地工作于某一特定的工作岗位，属于某一创新团队，团队及单位中人与人之间要形成科学的竞争机制，形成一种激励大家有竞争意识、鼓励创新的工作环境。竞争给人以外在压力，可以减少惰性、刺激奋发向上的热情，诱发人们进行创新探索的动力，鼓励人们不断取得创新成果。当然，同事之间、团队内部彼此有竞争、有合作，其工作关系中应该尽可能地减少内耗，团队中的成员应该平等相处，互相激励、互相启发、互相帮助、共同进步，这样有利于创新设想的形成，有利于创新团队提高绩效，有利于创新团队成员的健康成长和发展。

（四）社会大环境的优化

人才是时代的产儿，创新的时代呼唤创新型人才，要实现创新型人才辈出的喜人局面，需要社会大环境的优化，主要包括以下几个方面。

1. 人文环境

人文环境包括社会成员的思想观念、社会风气、社会氛围等，宜从多层面入手。如观念的创新，创新型人才成长与发展观念要与时俱进，要有新的突破。譬如，破除人们潜意识中根深蒂固的"官本位"观念，牢固树立"人才资源是第一资源"的观念，更新某些传统文化中抑制和阻碍创新的观念；打破因循守旧、唯唯诺诺、墨守成规的积习。又如塑造先进的创新型人才文化，促进社会大环境优化。在全社会营造尚贤风气，尊重知识，尊重人才，尊重劳动，尊重创造；营造鼓励创新、宽容失败的人文环境；不同地域、不同民族、不同历史文化背景下可以根据具体情况，探索促进创新型人才成长的独特的人文情怀。

2. 制度环境

创新作为人们的社会性活动，必然会产生不同于传统观念的新认识，而这些新认识必然又会受到传统思想观念和传统体制的束缚和制约，观念的创新要求改变传统制度，并为制度的创新做好准备。制度的创新带有根本性、全局性的特征，有利于为创新型人才成长与发展环境优化扫除障碍。制度创新之所以重要，是因为离开了制度创新，创新型人才成长与发展环境就没有了实践的保障。一个好的思路或决策，若缺乏制度层面的具体安排，也就难以有效落实和发展。创新型人才成长环境的优化要为创新型人才资源开发提供良好的制度保证，制度创新有利于巩固各地、各方面在实践探索和理论创新方面有推广价值的成果。

3. 政策环境

在创新型人才成长环境的探索中，应该有效地纠正管理中存在的行政化倾向，真正做到分类施策，根据不同领域、行业特点，从实际出发，增强政策的针对性、精准性。由于创新型人才成长的政策环境还存在一些弊端，因此，优化创新型人才成长的政策环境，尚有一些工作需要认真研究，并从全国性、区域性及创新型人才所在单位等不同层面切实加以完善和优化。如创新型人才政策的评价；创新型人才培养政策与引进政策的协同；持续优化创新政策供给，构建普惠性创新政策体系，增强政策储备，加大重点政策落实力度；激发全社会的创造活力，营造崇尚创新的政策环境。

4. 体制环境

创新型人才辈出的一个重要环境条件是具有良好的成长和发展的体制环境，在现阶段，体制环境的优化就是要消除一切不利于创新型人才成长、发展、使用、流动等环节和层面的体制性障碍，最大限度地解放和激发创新型人才活力。人们为了实现一定组织的目标而制定的组织机构设置和管理权限划分的制度即为体制，体制相对比较稳定，它直接规定和影响该组织的活动方式与管理方式。创新型人才体制涉及创新型人才培养、发展、使用、流动等各个方面，需要从体制层面构建一个从家庭到学校、用人单位、社会完整良好的硬件设施链，为创新型人才成长提供良好的学习发展硬件环境。同时营造一个创新型人才成长的健康、向上、和谐的良好软环境氛围链，即知识、能力和素质培养的良好环境氛围，包括正确的世界观、人生观、价值观的教育。其实,这涉及政治体制、经济体制、科技体制、教育体制、文化体制、人才管理体制等方面。

5. 机制环境

创新型人才成长环境的建设不仅是钱的问题,其实还有一个不容忽视的管理的机制问题。建设科学的管理机制以推动创新事业成功,包含的内容非常广泛,如建立科学的培养支持机制、有吸引力的分配激励机制、合理顺畅的流动机制、具有国际竞争力的竞争与引进使用机制、科学的评价机制、发展保障机制、权责统一的工作机制,以及宽松和谐环境的建设等。可以说,国家在这些机制的建设方面力度是比较大的,而且还从根本的制度保障着手,建立了人才自由流动制度等,全面有效地鼓励人才敢于创新、敢于冒险、敢于突破。创新型人才要有效创新,合理顺畅的流动机制是必需的,甚至从一定意义上讲,创新型人才是在全球范围内流动的。世界各国都在争夺创新型人才,如果没有好的管理机制,创新型人才就留不住、难引进,如果没有好的机制环境,创新型人才就会流失。所以需要从体制上、运行机制上建立起真正促进创新型人才成长与发展的适宜环境,从而让各类创新型人才价值得到充分尊重和实现。

6. 法制环境

创新型人才成长的法制环境已取得一定成效,如建设法治社会、完善知识产权制度等,但还有待优化。创新型人才的成长和发展环境不仅涉及制度、政策、体制机制等问题,也是一个涉及法律环境的问题。在现代社会,创新型人才的成长和发展应该得到充分的法律保障,如创新型人才的发明创造、科学研究、文艺创作、科技成果的产业化、工作流动。要逐步将创新型人才资源开发工作纳入法治化轨道,完善创新型人才成长和发展综合配套法治保障体系,做到体系健全、层次分明、职责到位、科学有效,凡事都能依法治理、依法办事,使创新型人才资源开发、人才权益和财产安全等切实得到保障,各类创新型人才都有权运用法律手段维护自身利益,从而有效推动创新型人才资源的开发。

第六章　创新型人才培养

第一节　创新思维的发生原理

一、创新思维的方法

（一）组合创新法

该办法的应用需要以现有发明为基础，在此基础上进行内容的增加或者删减，通过增加或者删减内容可以形成令人意想不到的新发明结果。比如说，在训练鞋上加入电子计数器，这样做可以计算训练次数；在台灯上加上灯罩可以聚光；在照相机上加入背带，方便携带。组合创新是创新的一种重要手段，组合创新法主要有三种组合形式：

一是同物组合法。具体而言，同物组合法指的是把相同的事物组合起来，需要注意的是，该方法的使用要考虑事物组合之后的效果，要注意事物结构的对称性。举例来说，三轴电风扇就是使用了同物组合法，具体将三个叶片组合在一起，使用强力的马达配上电脑控制，使风扇可以持续地为三个方向提供风力，这样的设计有利于空气的快速流通；除此之外，情侣杯、情侣手表、鸳鸯锅、双人以及三人自行车等，都是利用了同物组合法进行的创新。

二是异类杂交法。具体而言，异类杂交法指的是将不同的产品进行优化组合，但并不是随机地将两种产品结合在一起，而是要通过两种产品的结合带来性能的提升、服务的优化。相比于其他的组合形式，异类杂交法涉及的思维程度更深、范围更广、创新程度也更高。从本质上来说，它是将事物先切割，提取事物的优点和其他事物的优点，再进行结合，创造出更加优化的组合。

三是分解重组法。具体而言，分解重组法指的是在不改变事物功能的基础之上，对事物内部的结构和组成方式进行分解、重组，以达到事物功能创新的目的。使用分解重组法需要强调的是，要对事物内部的结构构成、结构原理、组成方式有充分了解，然后根据性能需求和要素本身的功能，进行分解重组，按照我们的使用需求，选择适合的组合形式，最终形成满足需求特点的新产品。

（二）观察创新法

观察创新法指的是通过细致观察，了解事物的本质，认识事物的内在特征，基于事物的特点展开创新。历史上有很多发明创造都是通过细致的观察得出的，观察创新方法主要有六种具体的观察法：

一是奇特洞察法。具体而言，奇特洞察法指的是从奇特的角度展开观察，运用科学的思维展开想象，仔细认真地寻找周围事物的不寻常现象，并且将感性认识上的不寻常转换为理性认识上的具体差别，并且仔细研究、认真剖析产生差别的原因，以差异性为发明创造的研究方向，以此展开创新发明。

二是重复考察法。具体而言，重复考察法指的是观察重复现象，寻找重复现象产生的原因。重复现象需要在相同的时间内、相同的事物种类以相同或者是相似的形式重复地出现，通过认真地观察分析重复现象产生的原因，寻找现象重复产生的规律，以这个规律为创造出发点可能会产生新的创造结果。

三是精细观察法。精细观察法就是经常、细致、深入地观察身边或周围的事物或事件，善于发现事物的"亮点"或"黑点"，再经过思维加工，科学的推断，进行新的发现、新的创造。

四是动态发现法。动态发现法是把握研究对象的特征或属性，了解静态情况，并创造条件进行动态观察，化静为动的一种方法。

五是变换视角法。变换视角法就是在观察事物时运用改变视角的方式产生新的感受，再加上创造性的思考进行创新发明的方法。

六是目标转移法。目标转移法是在观察过程中发现意外的、与事先特定观察目的不一致的异常现象时，善于以新的奇特现象或效应为契机，确定新的观察实验目的和新的研究方向，这种观察技巧就叫作目标转移法。

（三）需求创新法

需求是在一定的时期，在既定的价格水平下，消费者愿意并且能够购买的商品数量。需求引导创新是成功的开始，需求创新更会赢得新的商机。根据需求形成创新有很多方法和途径，可分为以下类型：

一是列举缺点法。具体而言，列举缺点法指的是将事物的缺点分别列举出来，并且针对事物的具体缺点给出具体的解决方案，使事物不断趋于完美。在具体的实施过程中，我们首先要挖掘事物的缺点，找到市场上现存的产品，并且分析产品设计、产品构造、产品功能、产品价值方面的各种缺点；其次，针对存在的缺点分析缺点形成的原因，并且根据原因提出可行性的改革方案，最终完成创新，获得新的发明成果。

二是希望列举法。具体而言，希望列举法当中的希望指的是人们对事物的某种具体需求，希望事物能够达到的发展状态，追求事物的创新创造，就是要根据人们的希望展开研究和探索。希望列举法首先需要调研了解人们对某一事物的具体愿景，再由研究者根据调查结果确定创新的研究方向。希望列举法在创新的过程中往往面对的是各种各样的新问题、新矛盾，创新要做的是解决新问题、新矛盾，在矛盾中找寻平衡，最终想出新的创意，并且根据新的创意展开创造，最终形成新的发明成果。

希望列举法的使用需要注意的是要批评现状，不满足于现状，要不断追求新颖。如果研究者安于现状，没有新的追求，那么就不会产生新的创意，也不会有创新的动力，就没有办法使用希望列举法进行发明创造；没有主观想要创造的想法，便不会想到用希望列举法开展创新活动。希望列举法可以根据创造对象分为两种类型：如果创造对象是明确的，那么可以使用目标固定型，它寻找的是人们对产品的希望；如果创造对象是不明确的，那么可以使用目标离散型，它寻找的是人们对产品的需求。

三是需求引申法。具体而言，需求引申法指的是根据某种需求而产生其他需求的创造方法。使用需求引申法需要注意的是，必须找到事物之间的需求关系，并且根据需求关系进行关联思考，比如可以利用消费品与工业品之间的关联创造新产品，可以根据热门产品进行相关需求的创新，也可以生产系列化的产品展开创新。举例来说，作为我国最为普及的交通工具——自行车，它的发明引发了一系列的需求创新，比如用自行车专用雨衣来阻挡恶劣的雨雪天气，用自行车前置篮筐来安放人们的闲置物品如书籍、包包，还有自行车的打气筒，为自行车行驶提供充足的车胎气，而且打气筒还按照需求分为手动打气筒和电动充气机。

四是兴趣创造法。一般情况下，创新都是先了解消费者的需求，然后根据需求展开创新，但是兴趣创造法与之相反，它主张提出一种新的消费兴趣，并且利用兴趣引导人们产生新消费，它并不关注消费者目前阶段对这个创造是否感兴趣，它强调的是通过手段引导消费者对这个创造兴趣产生购买和消费的欲望。举例来说，目前比较流行的婴儿手印以及脚印的纪念框，这个创意来自一位日本青年，主要是可以为婴儿提供手印和脚印的纪念服务。这个服务首先需要收集婴儿的手印和脚印，然后利用黏土和树脂原料制造一个立体的、凝固的手印模型和脚印模型，最后在模型外部度上和婴儿肤色相近的颜色，然后选择合适的木框留念，家长还可以为模型配备文字、日期以及对婴儿未来的期许等。这个创意是非常典型的通过兴趣创造法展开创新创造的范例。

五是市场细分法。具体而言，市场细分法指的是将消费者的需求按照消费水平、消费年龄、消费者的文化倾向进行细分，然后展开针对性的创新。例如，有人针对汽车司机的驾车需求发明了汽车行驶专用的取暖器、可以自己加热的保温饭盒、悬挂于司机头顶的电风扇等。

（四）移植转换法

移植转换法指的是将某一个产品的发明思路或者是使用的技术从本产品所在的领域转移到另外一个领域。比如将农林业当中的植物移栽方法应用到医学上就产生了器官移植，这种方法在医学上的应用解决了很多医疗难题，为很多人带来了新的生机。某一项技术或者是理论在一个领域的有效应用都有可能应用到其他的领域当中，这取决于发明创造者的观察，技术和理论的应用极有可能带来新的发明创造，为人们带来更多的福利。

技术在不断发展，技术的针对性逐渐增强，随之而来的是技术的跨领域转移范围逐渐扩大，技术转移的速度也有所提升。人们发现某一个领域内的技术或者是理论应用的环境、使用的思路、解决的问题在其他的学科领域也可以得到有效的应用。移植转换法为人们研究带来的便利、为创新带来的新意都极大地丰富了我国各个专业和学科的研究成果。移植方法之所以被广泛应用，是因为客观世界本就是相通的，各种物质之间也存在密切关联，这种关联性为移植方法的使用提供了基础，不同学科之间的学科壁垒看似将各个学科划分得非常明确，但是事物之间存在的客观联系却是无法划分清楚的，不仅无法划分，还存在着密切的联系。移植转换法主要有四种具体应用：一是原理移植法。具体而言，原理移植法指的是进行跨领域的原理转移应用，也就是直接把某些事物的原理直接移动应用到其他的领域，实现其他领域的创新。举例来说，在物理学领域，一切比绝对温度高的物体都会反射出一种红外辐射，这种现象在物理学中比较普遍，而利用物质的这一特性将这一原理应用到其他的领域当中，可以创造出很多意想不到的成果，比如说应用在医疗领域，利用红外辐射可以治疗疾病。二是方法移植法。方法移植法指的是将制造方法或者是使用方法进行跨领域的移植。举例来说，在面包的制作过程当中使用的发泡方法被德国的橡胶厂应用到了橡胶制造过程中，最终发明出了比较松软、有很多孔的新型橡胶；发泡方法还被日本的企业应用到了水泥制造过程当中，最终发明出了坚硬却很轻的新型水泥，这种水泥中间有孔，能够有效地隔绝热量，阻断声音。三是结构移植法。具体而言，结构移植法指的是将某个事物的技术结构或者是内在结构进行跨领域的移植，使其他的事物具有相同的结构或者是相似的结构。举例来说，拉链技术被应用到医学领域实现了皮肤的缝合；香水喷雾的结构构造被应用到内燃机中，有效改进了内燃机；积木之间的连接结构被应用到车间的机床生产，创造出了组合机车。四是技术移植法。具体而言，技术移植法指的是技术的跨领域应用，以技术为载体，结合新领域的事物发明出新技术或者新产品。举例来说，螺旋桨技术被应用到电吹风领域，与具有吹出功能的事物结合发明出了电风扇；爆炸技术被应用到医学领域与人体内的结石进行了结合，有效地粉碎了人体结石。

（五）替代创新法

1. 材质替代法

在科学研究时，从改变事物的材质方面入手来激发创造发明灵感的方法为材质替代法。运用材质替换法来进行发明创造主要有两种方式：第一种，运动材质替换法创作一些更加轻便、廉价以及功能型的产品；第二种，运动材质替换法帮助发明者来解决技术方面的问题。在运用材质替代法时，必须要对材料的性能与价格进行了解。

2. 提升代替法

提升代替法是对于事物的基本功能进行升级，对其进行进一步的升华和开发升级，从而达到发明创造的目的。比如说西门子节能电脑洗衣机。这款洗衣机就是在洗衣机原有的洗衣功能基础上，加装电脑软件，进一步达到人工智能的目的。通过电脑程序来达到控制洗衣机的转速、水温、时间等一系列条件的目的，通过程序设置来获得最理想的洗衣效果。在洗衣的基础上，可以减少对于衣服的损害，还可以在很大程度上提升洗衣效率，将家用电器与现代电脑智能技术进行了完美结合。

二、创新思维的过程与作用

（一）创新思维的过程

1. 准备阶段

作为创新思维的第一个阶段，主要是通过收集与整理资料，积累知识和经验，目的是为了解决准备阶段的问题。人们需要认识到问题的关键，分析其含义并用通俗易懂的话和一些专业的术语表达出来，开始观念上的博弈，联想多方面分析利弊。联想的空间是自由且广泛的，它与准备阶段所要解决的问题有关，但又不会被问题过于约束，不会被问题的必要性所支配，这一点没有完全受到限制。现在已经放弃了一些暗示的观念，而另一些观点正在接受更详细的检验。问题是必须尽快解决的，当问题的解决方式已经有一些眉目时，就说明该阶段很快要消失并融合到下一阶段，并且没有显著的变化。

2. 孕育阶段

作为创新思维过程的第二阶段，这个阶段所要做的就是整理上一阶段所得到的资料、知识与经验，明确问题的关键，并通过之前的假设制定出可行的计划与方案。这个阶段的时间是无法确定的，可能是短短的几分钟，也有可能是几天，甚至是几年，因为有一些问题是要经过反复考究的，有时思考过程中思维会出现"瓶颈"，但随着时间的流逝暂时被遗忘了，或许灵光一现迅速地解决了问题，这都是未知的。

3. 明朗阶段

孕育阶段后，思考者会有一种"茅塞顿开"的感觉，这就是所说的明朗阶段，该阶段主要是对所要解决的问题产生灵感。它的出现是不同于以往的经验，它给人的感觉是突然的、完整的和强烈的，对解决问题方法的产生是十分有利的。

4. 验证阶段

该阶段主要任务就是将上述阶段所提出的解决问题的假设、详细方法列举出来，并在后续过程中加以验证。验证过程，有可能是将方案进行部分整改，也有可能是将之前的假设全部推翻。所以说，拥有与应用创新思维并不是一件很容易的事情。

（二）创新思维的作用

创新能力的核心是创新思维，创新思维的产物可以应用于生活的方方面面，生活中大大小小的事情都需要思考，如果有一个新颖的思维会给生活带来很大的便捷，会帮助我们调节事件的平衡，会开辟新的局面，提供独特的具有社会价值的方案。因此，创新思维在不断为未来创造可能。

1. 维持人类生存和发展

创新思维具有独创性和风险性，正是这两个特性使创新思维被赋予了勇于探索的创新精神，为开辟新局面奠定了一定的基础。创新思维最具代表性的成就当然是人类社会文明的进步和历史的发展，也是创新活动的发展历程。人类的生存与发展离不开创新思维的运用，如果没有创新思维，人类就没有知识和经验可以借鉴，那么实际发展也只能停留在原有的水平上，也就不会存在现在这样的创新物质文化和创新精神文化。创新思维推动着人类社会文明的发展，可以创造新的社会价值。所以说，人类生存、社会发展都离不开创新思维。

2. 提高人类的认知能力和主体力量

创新思维能够不断增加人类的知识储备量，增强人类对周围环境的了解水平，从而促进人类去认识和了解世界。提升主体地位和主体力量最有效的方法，是正确运用创新思维。当今世界,创新思维是一种独一无二的艺术,思维过程中所认识的是无法复制的内在的东西。生存竞争的蜕变已经蔓延至全球,而这种蜕变联系到教育观上就是要将接受教育的人作为人类认知和文化推动的主体力量,而不是成为思维发展的"绊脚石"。因此,创新思维要与教育理念相结合,从根本上提高人类的认知能力和主体力量。

3. 推动创新教育发展

现代教育要求在传统教育理念的基础上,应用创新思维推出适合当代年轻人的新教育理念。传统教育侧重于知识的传授和基础能力的培养,不重视创新思维能力的培养,在此背景下培养出来的人缺乏创新能力,在面对社会与经济发展时很难有一个良好的适应过程。而创新思维培养的新教育理念从根本上来说,是为了使学生在毕业后会对社会的发展做出一些创新和发明,为人类社会的文明和发展作出贡献。

4. 推动人类科技进步

要是说传统科技时代,科学与技术的匹配度低,科技发展进步缓慢,那么当从16世纪开始,科学和技术的融合度加强以后,科技发展进步便开始加快,创新思维对科学与技术发展的影响力越来越大。以至于现在,科学与技术日益融合为一体,不同领域创新思维相结合,推动人类科技的进步,定会创造出新的社会价值。

第二节　创新型人才培养的价值理论

一、人才培养价值理论分析

一般而言,价值是指某种物品满足人类需求的内在属性。从哲学的角度看,价值是一个关系范畴,包含两个方面的要素即主体需要与客体属性,只有"主体"与"客体"之间形成满足与被满足的关系时价值才能存在。换而言之,价值是主体需要与客体属性的有机统一,只有当客体事物的属性和功能与主体的需要发生满足与被满足的关系时，该事物才具有价值。人才价值是指人才通过社会实践以自身的属性来满足他人、社会及自身的需求。人才作为特殊的人类群体，其价值体现在以下几个方面。

（一）社会价值与自我价值相统一

人才具有"二重性"：既是社会的主体，又是社会的客体。从人才价值角度看，人才作为社会的客体，需要积极发挥其作用，在物质方面或精神方面作出贡献，以满足他人和社会的需要，这就是人才的社会价值；人才作为社会的主体，又需要他人和社会满足其自身的需要，如生存、发展、安全、尊重、自我实现等方面的需要，这就是人才的自我价值。在现实中，人才的社会价值主要表现为其通过自己的活动在多大范围和多大程度上满足了社会的需要，即为组织、社会或国家创造了多少价值，与此相适应，组织、社会或国家给予他多少回报，包括物质方面的待遇及职称、地位、荣誉等，以作为对其社会价值的认可。人才的自我价值就在于他的存在和活动对自身发展需要的满足，主要体现在他的才能、兴趣、爱好、个性以及生命体验、生活体验的满足感等多个方面。

（二）工具性价值与目的性价值相统一

人才既是社会的主体又是社会的客体，因此从目的与手段的角度看，人才既具有工具性价值又具有目的性价值。人才的工具性价值是指，人才是社会发展的动力，不管是生产力的发展还是生产关系的变革，都是以人（尤其是人才）的发展为基础和前提。这是因为，从生产资料的利用、生产工具的改进乃至社会制度的变迁都必须依赖人的素质的提高。人才的目的性价值是指，人才是社会发展的归宿。这是因为，生产力的发展为人才的发展提供物质保证，生产关系的变革为人才的发展提供制度保证，生产力和生产关系的每一次调整都会促进人才的发展。

（三）静态价值与动态价值相统一

人才价值实现是一个在实践活动中持续发展的动态创造过程，体现了人才的动态价值；同时，人才价值实现也具有阶段性，体现了人才的静态价值。因此，人才既拥有相对稳定的静态价值又包括不断发展变化的动态价值，其静态价值与动态价值相统一。比如,一位科学家从甲单位流动到乙单位,他在甲单位取得的业绩、做出的贡献就是静态价值,这既是他流动的资本也是乙单位接收他的依据,到乙单位任职后,他通过知识创新、技术研发等形式取得新的业绩、做出新的贡献,这就是他的动态价值。

(四)潜价值与显价值相统一

人才价值实现需要立足特定的社会环境,通过从事实践活动把其知识、能力等内在要素转化为某种具体成果并被社会承认。具体而言,就是通过医疗、保健、教育、培训、实践锻炼等措施,健全体魄、保持健康、丰富知识、提升技能,并在某种机制主导下将人才配置到合适的工作岗位,使其知识能力得以发挥,转化为被社会认可的成果,价值最终实现;其价值被社会认可的人才,会得到合理的回报,进而提升其生活生产水平,更好实现自身价值。从这一过程看,人才价值能否实现以及实现的程度如何,受主客观因素的制约,这就决定了人才内在持有的价值与实际发挥出的价值通常是有差距的,有时差距还很大。这种差距就是由人才价值的潜显性特征即人才的潜价值与显价值决定的。

二、创新型人才发展的时代价值

(一)加快社会主义现代化

实现国家现代化是中国的百年梦想,是中华民族走向伟大复兴的必然选择。国富民强,发展为要。实现社会主义现代化归根结底靠发展,但是发展离不开资源,离不开人才,尤其是创新型人才。当今世界正处在知识经济时代,知识经济的兴起使经济社会发展所依靠的战略性资源不再是农业经济时代的土地资源,也不再是工业经济时代的钢铁、石油等物质资源,而是人才资源,尤其是创新型人才资源。

(二)增强国家核心竞争力

对国家而言,面对激烈的国际竞争,加快创新型人才发展是抢占经济和科技发展制高点,赢得竞争主动权的战略选择。因此,必须站在全球性竞争的高度,以开阔的视野研究制定面向世界、面向未来的国家创新型人才发展战略，确立与中国科学发展、和谐发展、和平发展相适应的创新型人才发展目标和战略举措，以更加积极主动的态度应对激烈的国际人才竞争，构筑中国参与国际竞争的创新型人才优势。

（三）推进创新型国家建设

从世界各国发展路径看，主要有三种模式：第一，资源型发展模式，主要依靠自身丰富的自然资源来增加国家财富，如沙特阿拉伯等中东产油国家；第二，依附型发展模式，主要依附于发达国家的资本、市场和技术发展，如巴西、阿根廷、智利等拉美国家；第三，创新型发展模式，把科技创新作为国家战略，通过科技实力和竞争力的不断提高赢得优势。

面对建设创新型国家所处的这种困境和劣势，要清醒地认识到"创新的关键在人才"，实现创新型发展必须大力开发创新型人才资源并切实增强他们的创新能力，进而不断提高科技进步对经济社会发展的贡献率。

三、创新型人才培养发展机制

（一）市场对人才培养的调节作用

1. 市场对教育的影响

由于教育总是依赖于特定经济，并有助于特定的社会、政治和经济状况，因此经济发展将不可避免对教育发展有一定影响。经济的市场化导致教育产品也在向市场化发展，政治经济发展要求高等教育普及。从人才发展的需求和规律来看，人才普及与人才市场化的结合必须使教育多样化，也正是因为如此，多元化的发展才能满足市场需求。相反，政治经济的发展和市场对人才影响的需求也必须在规范人才培训模式的多样化中发挥特定作用。简而言之，为了适应人才可以市场化发展、教育可以普及，有必要多样化地发展高等教育的人才培养模式。

教育的发展离不开政治和经济发展，教育发展的步伐和教育模式的变化都受到了政治和经济的影响。当前，在校学生在学习专业时必须与时代接轨，培养的人才必须能够适应经济全球化竞争的要求，做到国际一体化，否则教育将阻碍经济的发展,学校将没有了生存的意义,因此学校应改革教育模式以适应经济全球化的发展。社会是一个巨大的市场,社会、政治和经济的变化将对人才提出各种要求,特别是随着经济全球化的发展和中国市场经济体制的形成后,人才市场和受教育者都有了更多选择权。因此,教育可以通过自身的多样化来与市场需求的多样化协调发展。

2. 复合型人才的培养

根据市场需求的发展和市场上的变化,大学必须不断促进人才培养模式的多样化发展,培养具备多种技能的综合性人才。

多样化大学人才培养模式的基本特征是响应社会、政治和经济发展三者的需求。除此之外,还有必要根据市场经济和高等教育发展的要求制定自我发展战略。在此基础上,大学要适应当地情况,建立与区域经济发展相匹配的教学模式。在借鉴一流大学成功的办学经验时,不能盲目模仿,应根据学校和地区的实际情况准确定义区域特色,特色化发展。

市场对多样化人才的需求极大地促进和协调了大学的教育发展和教育改革。同时需要了解教育与市场经济之间的辩证关系,为了适应市场经济发展,应该根据情况及时改革。

(二) 政府管理的协调力

中国的传统教育管理模式表现的特征是,政府实施综合管理,政府所代表的是国家的形象。然而,大学的一些设置上还有待完善,表现得不够灵活。比如,在招生计划的安排上,专业和课程的设置还不够科学,政府的协调能力在教育管理过程中起着重要的作用,这些都不容忽视。在市场机制的作用下,充分发挥政府的协调能力,将政府与社会、学校在教育管理中的关系应该理清楚。建立的管理体制不仅需要满足社会经济、政治和文化的需要,还应该与新的高等教育自我发展法律体系相一致,能够满足政府的总体规划和宏观管理。

由于市场经济的混乱,政府在高等学校的管理和发展过程中起着无法忽视的作用,各种教育模式的实施都要求更好的环境背景做支撑,例如实行学分制、学生专业的自主选择,根据情况调整毕业日期等应由主管部门协调。高等教育的实施应以高等教育的社会化为基础,当今的社会存在这样的现象,在使用人才的同时并没有履行培养人才的义务,这是一种不正常的状态,需要改变,而此状态的变化则取决于政府的调整和某些法规的制定。学校实行连读的培养方式时,必须经政府机构批准才可以实行。不仅如此,在丰富培养模式时,涉及多方的关系,也应在相关政府部门的帮助下才能达成。但是,政府协调应不同于行政领导,并且在协调过程中,不应过多干预学校,政府协调应只是在宏观层面进行调控,还应该减少在微观层面的过渡干预。

第三节 创新型人才的发展分析

一、中国创新型人才发展规划

通常而言,创新型人才发展规划是指根据经济社会发展需求,遵循创新型人才发展规律,制定的关于创新型人才发展的宏观目标、重点任务、基本途径、主要措施、重大工程、制度政策等方面的长远计划。同其他资源一样,创新型人才资源的社会需求决定了它的开发和供给。因此,要根据我国现代化建设实际,从科学和经济原则出发对创新型人才的培养、吸引、使用等问题进行战略规划,以实现创新型人才科学发展。

(一)创新型人才发展规划的定位

就规划而言,是一项系统工程,需要在全面、深刻分析国内外形势的基础上就一定时期内某项工作做出科学安排,尤其要对工作的目标任务给予准确把握、合理定位。从人与社会的相互关系看,创新型人才是社会的主体也是社会的客体,因此与其他规划不同,在目标任务的定位上,创新型人才规划既要关注经济社会发展对人才的需求,还要关注人才自身发展的需要。一方面,满足经济社会发展对创新型人才的需求。创新型人才是支撑人类社会发展进步的重要力量,需要立足本国国情,根据经济社会发展总体规划和布局研究制定各个时期、各个阶段的创新型人才发展规划,使创新型人才培养、引进、使用等与之相匹配,以便更好地为经济社会发展提供有效的人才智力保障。另一方面,促进创新型人才发展。创新型人才发展规划要围绕加强培养、积极引进、合理使用等问题,确定具体的目标和方向，提出可行的政策和措施，以促进创新型人才健康发展，造就规模宏大、结构合理、素质优良的创新型人才队伍。

(二) 创新型人才发展规划的特性

1. 科学性

制定创新型人才发展规划既要有科学的态度，做到实事求是地分析问题、研究对策；更为重要的是有科学的方法做保证。在数学、统计学、经济学、管理学、社会学、系统科学、人才管理学等学科中，很多方法与研制创新型人才发展规划相关。从中选择科学、适用的方法开展人才调查、分析、预测，可使创新型人才发展规划的内容科学、准确、有说服力。

2. 开放性

改革开放40多年以来，我国逐步实行社会主义市场经济，提出要开发两种资源、用好两个市场。但是，随着经济全球化的深入发展，特别是加入世界贸易组织以后，中国市场日益开放而逐步融入世界市场，加入了全球市场一体化的进程。可以说，市场是开放的，但世界只有一个市场，因此创新型人才市场也只有一个即全球创新型人才市场，创新型人才资源应在世界范围内配置。同时，随着我国政治体制改革不断推进，民主化、法治化步伐加快，人们可借助互联网、移动通信等科技手段进行快捷方便的交流，及时获得包括创新型人才信息在内的各种信息，这种信息的开放性为创新型人才自由流动、配置提供了便利条件。在这样的背景下，制定创新型人才发展规划要坚持开放性理念，以便打破创新型人才发展的封闭或半封闭状态，实现全球范围内开发利用创新型人才。

3. 匹配性

制定创新型人才发展规划的目的是，就一定时期内经济社会发展对创新型人才的需求情况，比如创新型人才的结构、类别、分布、数量、素质等进行预测，并研究提出创新型人才发展理念、方针、原则、目标、任务、策略、行动计划等，以便合理开发利用创新型人才资源，实现创新型人才和经济社会协调发展。因此，要根据经济社会发展不同阶段的不同要求和不同任务制定创新型人才发展规划，以增强针对性、突出侧重点，做到不滞后、不冒进，在方向、目标、步骤、措施等方面与经济社会发展需要相匹配。

4. 协调性

作为国家总体规划的重要组成部分，创新型人才发展规划既不是局限于一个部门、一个地区的规划也不是孤立存在的规划，而是处于规划体系之中并且与其他规划构成统一整体的规划系统。因此，要注重创新型人才发展规划的协调性，正确处理与国家总体规划、其他专项规划、人才总体规划以及地方创新型人才规划的关系。

第一，处理好创新型人才发展规划与国家总体规划的关系。促进经济社会发展是创新型人才发展的出发点和落脚点，以经济社会发展为主要内容的国家总体规划是一级规划，对创新型人才发展规划具有统领作用，是其制定的基本依据。作为第二层次的规划，创新型人才发展规划要明确自身的定位和作用，积极为国家总体规划的贯彻实施提供人才保障。

第二，处理好创新型人才发展规划与教育、科技等专项规划的关系，努力做到相互衔接、相互促进。

第三，处理好创新型人才发展规划与人才总体规划的关系。通俗地说，两者是"子规划与母规划"的关系，在指导思想、发展理念、方针原则等方面应保持基本一致。同时，在坚持以人才总体规划为指导的前提下，创新型人才发展规划又要着眼于个体创新素质、创新能力的提升，并制定有针对性的政策措施。

第四，处理好国家创新型人才发展规划与地方相应规划的关系。创新型人才发展规划是由上下结合、相互衔接的各级规划构成的规划体系，需要合理定位不同层次规划的功能。国家规划具有纲要性质，一般从宏观上、政策层面做出规定，对其他规划起统领作用；省级规划是对国家规划的进一步具体化，但是总体上看也侧重于宏观性和政策性；其他的地方性规划主要是贯彻落实国家、省级规划，更注重规划的操作性。

5. 系统性

创新型人才发展规划是由多个指标体系构成的系统，每个指标体系又涉及多种因素、多个变量。就目标设置而言，包括创新型人才的规模、素质、效能等；就任务部署而言，包括政治、经济、文化、科技等领域的创新型人才发展问题；

就环境建设而言，包括法制、人文等宏观环境及工作、生活等微观环境。因此，创新型人才发展规划既要正确处理指标内部各要素之间的关系，又要统筹安排各项指标，使之共同构成一个有机整体。

6. 牵引性

所谓牵引性，是指创新型人才发展规划通过明确目标、任务、政策、措施等，表达国家、社会或组织对人们的期望和要求，引导他们做出正向选择并付出努力，最终实现规划意图。之所以强调创新型人才发展规划的牵引性，主要是因为人才秉性各异、需求不同，有自己的兴趣、爱好、专业、特长，尤其是其世界观、人生观和价值观与国家、社会或组织的期望并不一定一致，因此有必要通过规划的制定实施来引导创新型人才明确努力的方向和应该采取的行为。创新型人才规划的牵引性强弱涉及多种因素，其中规划提出的目标最重要，其主要功能有：明确国家或组织的发展方向、体现国家或组织的具体期望、表明国家或组织的行动纲领、提出国家或组织的政策措施等。因此，在创新型人才发展规划制定中，要科学、准确、清晰地表达出规划的目标定位。

（三）创新型人才发展规划的内容

制定创新型人才发展规划要综合考虑指导思想、指导方针、基本原则、发展目标、总体部署、主要任务、重点工程、重大政策、实施保障等内容，涉及创新型人才的数量、质量、投入、效能、制度等多个要素和变量，是一项复杂的系统工程。但是，从总体上看，创新型人才发展规划主要包括以下三方面的内容。

1. 创新型人才发展的战略定位

制定创新型人才发展规划要立足世界发展大势，在综合分析国内经济社会情况、创新型人才现状、社会历史传统等因素的基础上，明确创新型人才发展的指导思想、基本理念、目标任务等内容，为创新型人才成长指明方向。

2. 创新型人才发展的重点内容

创新型人才发展规划一般还要突出重点。比如，在人才类型上，重点抓好创新型党政人才、创新型企业经营管理人才、创新型科技人才；在层次结构上，重点抓好高层次创新型人才；在领域分布上，重点抓好机械装备、生物医药、新能源、新材料等战略性新兴产业急需的创新型人才。

3.创新型人才发展的制度安排

创新型人才发展需要合适的环境，尤其是制度保障。可以说，创新型人才发展是目的，社会制度是保障，创新型人才发展和制度安排是一个问题的两个方面。因此，在制定创新型人才发展规划时不能就人才论人才，必须对制度问题通盘考虑，统筹兼顾创新型人才发展与制度供给以及各项制度之间的关系，使之协调一致、相互衔接，以便更好地发挥制度的综合保障效用。

二、创新型人才发展的教育培养

就发展中国家而言，由于创新型人才发展的环境相对薄弱，难以大量引进国外创新型人才，因此教育就成为其培养创新型人才的最优选择。培养创新型人才需要依靠创新性教育，但是中国现行教育与创新教育相比存在较大差距，尤其是教育观念、体制、结构等滞后，从而不能适应培养创新型人才的要求。近年来，虽然围绕推行素质教育进行了一系列改革，但是在应试教育的惯性影响下我国教育领域改革进展缓慢，难以满足社会主义现代化建设和实现中华民族伟大复兴对创新型人才的需要。因此，我们要进一步加大教育创新力度，切实强化以素质教育为主要内容的学校教育，积极构建终身教育体系，确保形成以经济社会发展需求为导向、以素质和能力教育为核心的培养机制，为创新型人才不断涌现奠定良好的教育基础。

（一）深化学校教育改革发展

学校教育通常是指由专职人员、专门机构从事的有计划、有目的、有系统、有组织的，以影响被教育者身心发展为主要内容的社会活动。学校教育作为与社会教育相对应的范畴，主要包括小学教育、中等教育和高等教育。学校教育在创新型人才发展中具有基础性、关键性作用，为此要在科学把握和尊重学校教育规律、个体成长规律、社会发展规律的基础上深化学校教育改革，切实发挥学校教育对创新型人才的培养功能。

1. 主体与主导并重

（1）尊重学生的主体地位

与其他生产活动相比，学校生产制造的"产品"不是实物而是具有主观能动性的人。这种"产品"能否成为创新型人才，与教师的能力素质密不可分，更取决于学生主体地位的确立，即学生对自己学习活动的支配权和控制权。现代有关学生学习活动、学习心理的教育理论研究表明，学习过程具有某些共同特征，但是由于学生的个性差异较大，尤其是在学习爱好、学习能力、学习习惯、学习策略等方面的差异，导致每个学生的学习过程各不相同。因此，在教育过程中要承认这种差异、不同，以便在教学内容和教学方法上更好地发挥学生的主体作用。

从学生的成长过程看，其价值观的形成、认知能力的提升、情感态度的培养等，主要依赖并必须尊重学生主体性的发挥。这是因为，尊重学生主体地位，有利于发展学生的有效思维及运用这些思维的实际技能和技巧；有利于学生掌握吸收繁多的知识和新鲜的信息；有利于激发学生持续获取知识的渴望；有利于学生养成搜集和利用文献资料的能力；有利于激励学生在学习中发挥创造性；有利于学生独立意识的养成；有利于学生在继承中批判性思维能力的培养；有利于学生对自我、他人、社会、自然界的理解等。

尊重学生的主体地位应贯穿于教育活动的各个方面，但是最重要的是体现在教学内容和教学方法上，具体如下。

第一，在教学内容上增加可选性。从目前情况看，学生在学习内容上的选择性较小。以高等教育为例，在选课模式上，学生只在少数课程上有选择自主权，其余课程都是必修课和必选课。在这种教育模式下，学生的独立学习、主动学习和批判性学习难以得到发展与认同，最终导致学生的个性得不到全面发展。因此，要在所学课程、授课教师等方面给予学生更大自主权，进而增加学习内容的可选择性，让学生根据自身需求决定取舍。

第二，在教学方法上提倡启发式。要通过启发式教学引导学生去主动学习、积极探索。在教学过程中，学生是知识接受的主体，这种主体性要求教师引导学生带着问题有目的、有准备地去学习，做到自觉地、积极地解决学习中的疑惑，并让学生在解决问题的过程中获得一种成就感，从而进一步激发他们探求知识的愿望和兴趣。授之以鱼不如授之以渔，实行启发式教学要注意就学生发现问题、思考原因、寻找对策等学习方法的传授、培养。可见，一流的教师对学生的影响是全方位的，不仅体现在学科知识的传授、指导方面，更在于他们那种追求科学、献身科学、严谨做学问的精神和研究探讨问题的方法对学生的影响。

（2）发挥教师的主导作用

教与学是在尊重学生主体地位的同时积极发挥教师的主导作用。具体而言，就是教师要将仅仅是传授文化知识的职能转变成学习指导者、智力开发者、技能培养者、未来设计者的职能，引导学生主动探索问题，进行独立思考，鼓励学生积极大胆地发表个人见解、观点，促使学生由被动接纳知识转变为主动探求知识，进而承担起学生学习的益友、伙伴、顾问的角色。

教师要履行好这一职能，担当起这种角色，首先，应该根据学生的学习风格、智力类型等特点激发学生学习的兴趣，并引导学生主动去获取知识和发现真理，从根本上促进学生的全面自由发展；其次，应该充分利用校外教育资源帮助学生探求知识，并留下供学生深入思考的问题以及进一步探索的空间，引导他们学习更多的知识、进行更深层次的钻研；再次，应该在关键时刻给予学生指导及支持，帮助他们克服较大的困难和完成较重的任务；最后，应该不只是传授知识及开发智力，还要善于发现、开发学生身上潜在的创新品质，并能促进和激励学生在德智体美劳等方面共同发展。

2. 市场规律与教育规律并重

市场规律是指创新型人才培养要以市场为导向，满足经济社会发展需求；教育规律是指创新型人才培养要坚持以人为本，满足人自身的发展需要。长期以来，在我国创新型人才培养中忽视市场规律、教育规律的现象普遍存在，高等教育尤为明显。比如，不论是普通大学招生还是成人学校招生，学生自主选择的余地都很小，而且一旦被录取到某个专业就难以改变。同时，学校的课程设置长期不进行调整，即使有变化也往往是有什么教师开什么课，甚至什么教师都开课，让学生去被动地适应学校、适应教师、适应课程。可见，这种学校忽视社会需求、学生要求的现象已成为阻碍教育质量提高的一个不容回避的问题。

在教育活动中，必须尊重市场规律即根据经济社会发展需求来培养创新型人才。人才是一种特殊的产品，对人才产品的使用和消费必须建立在自主选择的基础上，要遵循市场的原则而非计划的原则。教育机构是一个制造人才产品、提供教育服务的特殊生产单位，对它的存在价值的衡量需要通过其目标市场来进行。

换言之，市场化配置人才资源的特性要求每个参与者都具有强烈的"市场主体"意识，于是教育机构就被赋予了鲜明的市场导向和用户导向的"企业式思维"特征。

此外，由于高等学校缺乏必要的办学自主权，因而既缺乏以人为本的动力机制，又缺乏足够的责任、风险和危机意识，也缺乏对市场的主动适应能力，正可谓依据自身发展战略定位、市场状况、供需信息来判断决定人才的培养开发进而谋取学校自身生存发展的"经营"意识比较淡漠。近年来，经过持续不断的变革，高等学校的封闭式办学模式有了一定程度的转变，服务经济建设、服务社会发展的理念正在形成。但是，无论是上级教育行政主管部门对教育开发和教育规划的宏观调控，还是其对高等学校满足社会发展的人才智力服务的考核评价；无论是高等学校对社会需求敏锐性的及时把握，还是其对人才培养计划方案适应社会实际的系统性改进，都显得过于粗放、滞后甚至是一定层面上的缺失，这自然导致出现人才急需短缺与人才闲置浪费并存的现象。

创新型人才培养有其自身规律，不仅讲究稳定性、系统性、长期性、正规化，而且效益作用的显现有滞后缓慢的倾向，如果过于强调创新型人才发展中的市场导向，容易导致急功近利、拔苗助长，出现违背教育本质和人才成长规律的现象。比如，基础教育、高等教育中的一些基础学科与"长线"专业的创新型人才培养就不应完全走市场化道路，不能由社会的人才市场进行决定。就基础教育而言，作为国民素质教育的重要承载体，是提高民族整体素质的一项奠基工程，既不直接承担培养有一定职业技术专长劳动者的职责，也不从事科学研究、技术开发等活动，更不直接参与生产科研产品、推广科研技术，与社会的人才市场相距较远。高等教育领域的基础学科中有科研活动、能产生科研成果，然而无法直接转化为现实的生产力，其培养的创新型人才也并不是人才市场所急需的。上述教育具有社会公共产品的特性，尽管其潜在的社会效益远远大于经济效益，但是没有办法直接通过人才市场的供求关系来体现其真实的价值。如果单凭社会的人才市场来调节，就会导致此类公共教育产品供给的萎缩和短缺，更为严重的是会损害社会的发展，甚至可能带来不可估量的损失。

从本质上而言，教育是一个有意识、有目的地促进个体的身心发展变化的活动过程，其核心在于引导受教育者在实然与应然之间实现转化，因而人的应然生存状态下的主体性要求可以变为对教育的要求，进而成为教育应有使命的重要的依据。坚持"教育使命的人的依据"的根本要求是，学校教育要促进人的个性的自由发展。这是因为，创新型人才的一个重要特征就是个性的自由发展，当然个性的自由发展也是创新型人才发展的基础。但是，从现代大学的人才培养模式来看，是在工业化时期形成并逐步发展起来的，这种人才培养模式深受标准化、批量化工业生产特征的影响，因而只是标准化、大批量地"制造"出工具性学生，却忽视了对人的个性尤其是人的创造性的培养。在我国学校教育中，也要树立教学个性化、人才培养个性化的理念，以更好促进人的个性的自由发展从而培养造就创新型人才。

3. 科学精神与人文素养并重

创新的思想往往开始于形象思维，并在从大跨度的联想中得到启迪后再用严密的逻辑加以论证。可见，既强化科学教育又注重人文教育是学校培养创新型人才的必然选择。科学教育强调理性思考、逻辑思维和量化实验，尤其侧重对学生的科技知识、科学思维、科学方法、科学精神等方面的培养；人文教育注重人性的形成、拓展及提升，尤其侧重对学生的反思、体验、顿悟等思维方法的培养，以便让他们拥有完善的心智和纯净的灵魂，进而能主动追求善和美，并积极提升精神道德水平。因此，只有把科学教育与人文教育结合起来，坚持科学精神和人文素养并重，才能培养出高素质的创新型人才。

在教育活动中，围绕培养科学精神和人文素养兼备的创新型人才，各级各类学校都应做出积极努力。创新型人才培养目标集中体现了创新型人才培养的价值主张和具体要求。素质教育的目标是培养全面自由发展的高素质人才，强调在知识体系全面性和基础性的前提下突出对能力和创新精神的培养。

4. 学校教育与社会实践并重

培养创新型人才，既要强化知识的学习，又要注重能力的提升，做到知与行相统一。为此，不能忽视学校教育，也不能弱化社会实践。在创新型人才成长过程中，学校教育始终发挥基础性作用。尤其是随着社会知识化程度的逐步提高，完全脱离学校教育的做法几乎是不可能的，当然，这个"教育"不仅是知识传授和理论论证，还包括引导和启迪。换言之，学校教育要注重为教育中的个体提供充分的条件、创造开阔自由的空间，如开阔的知识视野、自由思考和平等交流情境等，引领他们充分想象、自主判断、批判质疑、开拓进取，进而让他们的创新潜质在这种情境中凸显出来,并得到有益的锻炼和升华。发挥学校教育作用,重点要把握以下几个方面。

(1) 加强基础教育

把素质教育作为基础教育取向,以创新教育教学模式为突破口,坚持一个"中心"、三个"结合",即以学生为中心,并使课内与课外、教学与研究、科学与艺术紧密结合,积极为教育中的个体提供成长条件、搭建发展平台。

(2) 积极发展职业教育

作为一个发展中国家,我国已进入工业化中期并向世界制造业大国迈进,对创新型技能人才需求极为旺盛。同时,发挥本国人力资源的比较优势意味着中国在较长时期内仍以发展劳动密集型产业为主。因此,要立足这一国情,在深化公办职业学校改革的同时,通过调动企业、社会组织和个人办学的积极性来进一步发展职业教育,以满足各行各业对创新型人才的需求。

(3) 大力推进高等教育

以推进高级专门人才培养大众化为目标,通过改革招生考试制度,实现招生录取多元化;通过改进教学内容和方式培养通识之才;通过深化产学研合作,提升学生的实践动手能力;通过"去行政化",做到学校自治、学术自由、教师自律,以充分发挥高等院校作为创新型人才培养重要基地的作用。

在强化学校教育的同时,要注重发挥社会实践对创新型人才培养的作用,其中,产学研合作无疑是一种有效的实践形式。产学研合作教育是一种以培养学生全面素质、综合能力和企业竞争能力为重点,充分利用学校、企业、科研单位等多种不同的教育环境和教育资源以及在人才培养方面的各自优势,进而把以课堂传授知识为主的学校教育与直接获取实际经验、实践能力为主的生产、科研实践有机结合于学生的培养过程之中的教育形式。

(二) 加强终身教育

1. 树立终身教育理念

终身教育应该是学校教育和学校毕业以后教育及训练的统合;它不仅是正规教育和非正规教育之间关系的发展趋势,而且也是人们通过社区生活实现其最大限度文化及教育方面的目的,而构成的以教育政策为中心的要素。因此,在创新型人才培养中,要牢固树立终身教育理念,大力实施终身教育。然而,必须明确的是,实现这一目标任务的基础是对终身教育要有清醒的认识。从总体而言,终身教育有以下几个特点。

(1)系统地看待学习

终身教育以终身学习为基础和前提,而与终身教育相对应的终身学习体系将学习机会的需求和供给视为互相联系、不可分割的一个部分,进而从整体的角度来考虑教育需求和供给。

(2)强调学习者中心地位

终身教育突破一次性教育管一生的局限,以满足学习者多样化需求为目标并强调学习者的动机和自主性,这意味着学习者被提升至整个教育的中心地位。

(3)注重学习灵活性

终身教育理念主张学习可以在任何不同的场合中进行,也可以通过正规的学校教育以及家庭教育、社区教育、企业教育等非正规教育的途径实现。

(4)坚持教育目标多样性

终身教育权衡兼顾教育的多种目标,这些目标与政治、经济、文化、社会等发展要求有关,与个人全面发展相联系。只有全面把握、深刻理解终身教育的上述特征,才能自觉地树立起终身教育理念并积极实施终身教育。

2.拓宽终身教育渠道

(1)合理开放学校资源

学校拥有丰富的教育资源,尤其是高等院校,不仅有宽敞明亮的场所,还有储藏齐全的图书馆、设备先进的实验室,更有各具特色的论坛讲座、丰富多彩的文娱活动,等等。应在满足校内师生需求的基础上,立足打造"没有围墙的大学",在学校和社会之间架起教育服务平台,定点、定期向全社会成员开放学校资源,让不同年龄、不同身份、不同职业的人在这里学习新知识、掌握新技能、获取新信息,充分发挥其知识传播作用和教育辐射功能,把学校办成终身教育的场所。

(2)充分利用社会资源

在突出强化教育的持续性、延展性的同时,也要高度重视教育的丰富性和全面性。近年来,为发挥纪念馆、英雄人物故居等场所的教育功能,通过建立警示基地、思想品德教育中心等形式向世人开放,引导人们树立远大理想、弘扬社会正气,收到了良好的教育效果。事实表明,在主动参与科普活动、参观科技场馆等方面,公民的意愿在增加,参与机会和比例也在提高。

(3)大力发展现代远程教育

适应教育资源全球化、教育方式多样化、教育组织社会化、教育内容个性化、教育过程即时化的时代特点,以"构建网络化、开放式、自主性终身教育体系"为目标,充分利用互联网、多媒体等现代高科技手段,积极构建全方位、宽领域、多层次的学习网络,将终身学习变成一种常态,进而保证人们知识体系的系统性、完整性和时效性,促使各类劳动者在继续教育中成长为创新型人才。

第四节 创新科技人才培养与开发

一、创新科技人才培养与开发的内容

(一)创新理想

正如钱学森所说,科学研究工作的过程是很曲折的,要准备付出劳动,准备出汗。创新科技人才要坚守科技工作岗位,专注于创新科技的工作而不被浮华和利益所诱惑,需要有强大的创新理想作为支撑,需要对科学的热爱和强烈的献身精神。因此,对创新科技人才的培养要继续强化创新理想的培育。有了明确和坚定的创新理想,创新科技人才选择稳定的研究方向,在自己的专业领域不断深入研究。因此,创新理想是推动研究人员进行科技创新的动力。

(二)知识结构

专业知识的学习在学校教育阶段只是打下了基本的理论基础,对于前沿性的知识和发展变化的专业知识,需要创新科技人才在工作中不断更新和发展。为了适应研究工作的需要,创新科技人才要在与自己专业相关的几个科学领域内,获得一定广度与深度的交叉学科知识,创新科技工作才能有灵活的思路。河海大学丁长青教授研究了美、德、日、新加坡等国的创新科技人才培养措施和经验,指出知识交叉与学科重组是培育高层次创新科技人才的有效途径。因此，创新科技人才的知识结构需要扎实的专业知识、专业的视野和交叉学科知识。此外，由于创新科技人才需要随时获取科学前沿知识，参加国际交流和活动，把研究成果撰写成研究报告和论文在国际上报告或发表，因此特别强调外语能力的培养。

（三）创新思维

创新思维是以创新科技人才的知识和经验为基础，对相关信息进行处理、分析和提炼，从新的角度发现和提出问题，综合运用各种思维方式，提出解决问题的新思路、途径或方法的思维过程。创新思维是科技创新的灵魂，不论是科学发现还是技术发明，都离不开创新思维。对创新科技人才来说，特别强调逻辑思维、逆向思维、收敛思维、发散思维和批判思维。

逻辑思维是指利用概念、借助语言符号进行思维的方法，与形象思维和抽象思维一样，是科技工作者必备的思维能力。科学上的创新仅靠严密的逻辑思维是不行的，创新思想往往开始于形象思维，从大跨度的联想中得到启迪，然后再用严密的逻辑加以验证。逆向思维是指用反向探求的方式进行思考的思维方法，是朝着与人们正常的、习惯的、合乎情理的思维相反的方向进行的思维方式。要求创新科技人才改变常规的思维模式，用截然相反的新思路、新视野和新方式，发现、分析和解决问题，以求获得创新性的成果。发散思维是指从一个问题出发，发挥想象力，沿着各种不同的方向思考问题，以寻求多种解决问题的新思路、新方法的思维方式。发散思维广泛存在于创新活动中。批判性思维是指用挑剔的眼光、否定的方式、批判的角度看待、思考、分析和研究问题的思维方式。创新科技人才只有通过否定、再否定的方式看待自己的工作成就，以永不满足的态度对待各种现有的研究成果，才能够创造性地提出更多的创新思路、发展目标和行动方案，获得更多的创新成果。

（四）创新意识

创新科技人才必须具有超前的创新意识，摆脱传统思维和传统观念的束缚，保持旺盛的创新意识和活跃的思维状态。创新性地对事物未来发展可能出现的趋势、状态和结果进行推理和预见，想别人未曾想过的问题，做别人未曾做过的事情。主动地改变生搬硬套的教条主义思想，辩证地思考和分析问题。创新科技人才的工作具有很强的探索性，它需要走前人（别人）没有走过的路，做前人（别人）没有做过的事，提出前人（别人）没有提出过的想法和见解。要做到这些，就要求创新科技人才具有超前的创新意识。

（五）创新实践能力

创新是一个长期学习、思考、调查、实践积累和再思考的过程，创新需要独立思考，更需要调查研究和科学实验。科学研究必须证实，不能空想，科学要基于事实并接受事实的检验。创新科技人才是在实践中不断成长的，在实践中提升科学实验的能力，在实践中不断提高发现问题、分析问题和解决问题的创新实践能力。

二、分层次创新科技人才培养体系

（一）第一层次：高等教育

1. 扩大创新科技人才招生规模

随着教育改革的不断深入，国家在国民教育体系投入了巨额的经费。从本科教育开始，就要扩大科技相关专业的招生规模。可以效仿民办学校招生策略，制作精美的宣传册进行现场宣传。也可以制作相关视频，放到网上，让学生高考结束后在线观看。此外，也可以利用微信扫一扫或者制作专门的App，让参与高考的学生获得通道，有空的时候可以进一步地了解。随着市场化不断深入，各行各业都在抢人才，创新科技要抢占人才的制高点，必须多管齐下，增强对人才的吸引力和人才对创新科技的知晓度。高考的招生规模，很大程度上决定了日后创新科技人才队伍的规模，一个学文科的本科生，一般难以跨专业到创新科技相关专业进行深入学习。科学家走进课堂，给学生讲科学发现和发明，能够很好地激发学生的兴趣和好奇心。让学生尽早接触创新和科技，有利于催化学生的创新理想。创新科技人才有了明确的创新理想，会主动地选择相关的科技专业进行深造，获得专业知识和素养，为日后的分层分流培养做准备。

2. 优化专业教育

进入大学（本科）教育体系后，要构建科学与人文并重的课程设置体系，注重创新科技人才的全面发展，采用富有启发性的教学方法。在创新理想的驱动下，学生选择创新科技相关专业进行学习。在专业教育阶段，一方面要让创新科技人才掌握扎实的专业知识，全面提升学习能力，为日后的创新工作打下知识基础；另一方面又要培训创新科技人才的创新思维。关于创新思维的培训方法，主要有：

（1）智力激励法（又称头脑风暴法）

采用会议的形式，参会者围绕特定的议题，激发灵感，发表各自的见解，互相间不加讨论，在短时间能获得大量的观点。

（2）检核表法

最著名最受人欢迎的，广泛应用的是奥斯本检核表，针对要解决的问题或发明创造、技术革新的对象，找出相关的因素，获得解决问题的方法或发明创造的新设想，最终实现发明创造的目标。

（3）和田十二法

和田十二法是一种思路提示法，创新的技法有加一加，减一减，扩一扩，缩一缩，变一变，改一改，联一联，学一学，代一代，搬一搬，反一反，定一定。

（4）六项思考帽法

这种思维训练模式提供了"平行思维"的工具，避免将时间浪费在互相争执上。强调的是"能够能做什么"，而非"本身是什么"，目的在于寻求一条向前发展的路，而不是争论谁对谁错，使混乱的思考变得更清晰，使团体中无意义的争论变成集思广益。

主要包括蓝色：指挥；白色：事实；黄色：优点，机会；黑色：缺点，风险；绿色：提出建议，创造力的构想；红色：直觉和判断。

（5）替代法

用一种成分代替另一种成分，用一种材料代替另一种材料，用一种方法代替另一种方法，即寻找替代物来解决发明创造问题的方法。

（6）溯源发明法

通过对现有的发明创造追根溯源，找到创造源，再从创造源出发，进行发明创造的一种技法。这种方法适用于一切领域的发明创造活动，谋求发明创造的新途径，对原有事物进行原理上的更新换代，是发明实现功能的新的形势和手段。

（7）金鱼法

金鱼法是一种克服思维惯性的方法，源于俄罗斯普希金的童话故事《金鱼与渔夫》，它区分幻想式解决构想中现实和幻想的部分，再从幻想的部分继续分出现实与幻想两部分，反复进行这样的划分，直到问题解决，构想能够实现为止。

列举法、联想法、组合法、九屏幕法、小人法和STC算子法等训练创新思维的方法也很有实用价值，在实际培训工作中可以结合具体的对象进行选择，以实现提升创新科技人才创新能力的目的，提高创新科技人才的质量。

创新科技工作的项目一般很复杂，任务非常艰巨，工作的性质决定了靠个人能力强或想单干是不行的，必须有协作精神。因此，在专业教育的同时，应加强对创新科技人才协作精神的培养。可以通过让创新科技人才进入一个科研项目，在项目实践中让学生体会到团队合作的重要性，培养合作精神。

（二）第二层次：职场教育

1. 派遣创新科技人才参加国内外高层次的研修班

选拔优秀拔尖人才到发达国家相关企业、科研院所、高校进修或访学。组织国际同行业的协作，定期或不定期地举办培训，创造条件与国外著名大学、企业集团或国际基金组织合作，联合培训跨世纪的优秀拔尖人才。国家公派留学是我国培养拔尖创新人才和各类紧缺专业人才、促进科技自主创新、扩大国际影响力的重要途径。国家公派留学在技术研发、学科发展、人才培养、合作平台搭建、论文发表、国际交往意识增强和交往能力提高等方面发挥了重要作用。应支持和鼓励青年人才参与国际协作、跻身国际舞台。国际化已经成为高层次创新科技人才成长的必经之路，但必须有相应的约束机制，防止人才流失。

合理的人才流动是必需的，但是核心人才不可流失。针对当前我国科技人力资源出国人员数与回国人员数差距较大的情况，要采取行之有效的措施来避免。一方面，通过爱国主义教育，情感留人，事业留人，宽松的学术环境留人；另一方面，也要通过一定的制度约束，避免科技人力资源的流失。比如，可以对科技人力资源设定等级，达到一定级别的科技人力资源实行重点关注和管控。

2. 倡导"导师制"培养模式

导师制是以导师为中心，重在导师的指导，在师徒互动过程中，学生成为能够传承导师衣钵又不断创新的人才。通过导师的言传身教，能够更好地培养创新意识、创新精神，全面提升创新能力。我国的一些杰出数学家，也是在他们年轻时被老一辈数学家发现和帮助成长起来的。尽管有些新人在科学成就上超过了老师，他们老师的功绩还是不可磨灭的。著名数学家苏步青倡导并实现了培养学生超过自己的目标，被称为"苏步青效应"。在数学界、物理学界、医学界，"名师出高徒"的培养模式成绩比较突出。

3. 通过"项目制"提升创新实践能力

"项目制"是指在组织有计划的领导下，把具有培养前途的青年后辈，安排到一个项目、一项任务或者一个重大工程里学习、磨炼、提高。一名优秀的创新科技人才，需要具备一定的知识体系和能力组合，静态的知识技能可以通过学校教育和专业培训获得，而动态的创造性能力则需要在解决实际问题中锻炼培养。

4. "创意制"开拓创新科技人才的职业方向

"创意制"围绕人才本身的有价值的创意，逐步深入，终有突破，也称为"人才导向"模式。国家或基金会等对有价值的探索性研究的投资就是这种模式。以人才的创意为导向，不以任何人的指令为遵循，凭借的是有洞察力的学者对有价值的人的创意的选择与支持，然后给以资金保障。显然，在这里"洞察力先于应用"。这一模式为培养高层次的拔尖人才提供了宽松的研究氛围，有利于创新科技人才职业的多元化发展。

（三）第三层次：自我学习

1. 涉猎交叉学科知识

创新科技人才在工作之余，应不断地自我提升和发展。现代科学和技术的复杂性，单一学科知识远远不足以透过现象了解事物的本质。而且要想有新的思路和新的视角，必须打通学科间的屏障，形成跨学科的知识体系，为灵感的产生提供知识储备。

2. 强化创新意识

要不断地发现新问题，提出解决问题的新思路，创新科技人才就要时刻保持强烈的创新意识。创新科技人才要靠自己不断地强化创新意识，时刻保持活跃的思维状态，最终内化成自己的专业素养。这样，才能走前人（别人）没有走过的路，做前人（别人）没有做过的事，提出前人（别人）没有提出过的想法和见解。

3. 增强自信心

接受了专业化的教育，职业发展过程中又经历多种形式和多途径的培训，加上自我学习和提高，创新科技人才应不断地进行自我心理暗示，进行自我激励，增强自信心。

参考文献

[1] 花之蕾.专利运营理论视角下的高校科技成果转化研究[M].石家庄：河北科学技术出版社，2020.

[2] 黄金老.金融科技[M].沈阳：东北财经大学出版社，2020.1

[3] 卢东祥.地方高校创新型人才培养路径研究[M].北京：北京工业大学出版社，2020.12.

[4] 鲁兴启.基于创新驱动的创新型人才素质及培养研究[M].杭州：浙江大学出版社，2020.04.

[5] 胡玉荣.以创新文化为依托的人才培养研究[M].长春：吉林人民出版社，2020.10.

[6] 阮青松，唐伟，佟爱琴.高校一流人才培养教育教学改革研究[M].上海：同济大学出版社，2020.04.

[7] 李华.高校科技成果转化对策研究[M].秦皇岛：燕山大学出版社，2021.04.

[8] 杨雄文，文毅.电力行业科技成果交易与保护[M].广州：华南理工大学出版社，2021.01.

[9] 周楠.创新型人才培养模式探究[M].长春：吉林大学出版社，2021.04.

[10] 彭泽春.高校创新型人才培养模式研究与实践[M].长春：吉林文史出版社，2021.05.

[11] 盘红华.新商科人才培养创新型教材网络营销策划[M].北京：北京理工大学出版社，2021.01.

[12] 洪锁柱.创新人才培养机制研究[M].长春：吉林人民出版社，2021.11.

[13] 陈玉涓.高等教育国际化发展与人才培养研究[M].北京：中国原子能出版社，2021.07.

[14] 许健.科技成果转移转化与科技招商引资研究[M].昆明：云南科技出版社，2022.04.

[15] 张苏雁.科技中介参与的高校科技成果转化机制研究[M].北京：中国财富出版社，2022.11.

[16] 寇蓉蓉，卢学强，宋波.生态环境科技成果转移转化全过程评估研究与实证[M].天津：天津大学出版社，2022.05.

[17] 贾敬敦，刘忠范，魏迪.国家科技战略引擎[M].北京：中国经济出版社，2022.01.

[18] 冯之坦，胡一波.应用型本科创新型人才培养模式改革与实践[M].北京：中国商务出版社，2022.02.

[19] 张雨航，唐圣英，曾巧.互联网+教育驱动经管类创新型人才培养的研究[M].长春：吉林人民出版社，2022.08.

[20] 刘希琴.放射生物学概论[M].北京：北京航空航天大学出版社，2022.10.

[21] 吕梦醒，戴坤.新时代高校人才培养与人才评价制度研究[M].北京：中国原子能出版社，2022.08.

[22] 纪巍.高校创新人才培养与教师发展[M].北京：经济日报出版社，2022.06.

[23] 赵杨.创新创业实践与应用型高校人才培养研究[M].北京：中国纺织出版社，2022.04.

[24] 孙一峰.高校教学模式创新与创新型人才培养研究[M].北京：新华出版社，2023.

[25] 李墨，文晶晶.高校教学改革与创新型人才培养研究[M].天津：天津科学技术出版社，2023.06.

[26] 叶连松.培养一流人才建设经济强国[M].北京：中国经济出版社，2023.03.

[27] 桂淑华.互联网+时代大学生创新教育与人才培养研究[M].北京：北京工业大学出版社，2023.04.

[28] 尹克强.质检机构科技成果转化研究与实践[M].石家庄：河北科学技术出版社，2023.01.

[29] 张玉华，原振峰.高校科技成果转化嵌套共生平台治理范式研究[M].上海：上海交通大学出版社，2023.10.

[30] 王晓梅，刘永涛，荣丽卿.新形势下高新技术成果转化研究[M].北京：北京工业大学出版社，2023.04.

[31] 丁杰.金融科技学[M].北京：北京理工大学出版社，2023.02.

[32] 陈劲，贾宝余，尹西明等.国家战略科技力量[M].北京：经济日报出版社，2023.05.